KB272630

욥이 JOB이래

정태용 저

욥이 JOB이래

펴 낸 날   2026년 3월 16일

지 은 이   정태용
펴 낸 이   이기성
기획편집   권희연, 최인용, 이서은
표지디자인 권희연
책임마케팅 이수영, 김정훈
펴 낸 곳   도서출판 생각나눔
출판등록   제 2018-000288호
주   소   경기도 고양시 덕양구 청초로 66, 덕은리버워크 B동 1708, 1709호
전   화   02-325-5100
팩   스   02-325-5101
이 메 일   bookmain@think-book.com

• 책값은 표지 뒷면에 표기되어 있습니다.
  ISBN   979-11-7048-990-0(03230)

욥이 JOB이래

정태용 저

생각나눔

욥기와 동행한 고난의 기억

I

지독한 고통의 시간이 있었다.

누렸던 것을 잃은 후에 다가온 고통의 시간은 짧은 회복의 시간 다음에 다시 반복하여 찾아 왔다.

일자리를 잃은 후에 닥친 고통의 시간이 흐를수록 의기양양했던 자신감을 잃었다. 집 밖으로 나가 친구나 지인을 만나 일자리를 부탁하거나 신세타령을 할 용기조차 사라졌다.

정치권과 정부에서 지냈던 경력은 아득한 과거의 일이 되었다. 좌절과 실의 속에 그냥 집안에만 있으니 신경질만 늘어 갔다. 스스로의 처지에 대한 분노와 희망이 보이지 않는 현실에 대한 절망이 쌓이면서 예배 참석도 피하게 되었고, 성경도 멀리하게 됐다.

어쩌다 아내의 간청에 따라 주일 예배에 참석했지만 말씀과 찬양 그리고 기도는 형식에 그쳤다.

양복을 입은 목사님과 안내 집사들을 보면 화가 났다. 매일 양복 정장을 입고 잘 다려진 셔츠에 광택 나는 구두를 신고 집을 나섰던 시절이 생각났기 때문이었다.

힘든 시기가 계속되면서 마음이 피폐해졌다.

어느 날부터 아내가 금요일 밤이면 조용히 집을 나갔다. 그런 아내에게 늦은 밤에 어딜 가느냐고 묻지도 못했다. 몇 번의 금요일 밤이 지난 어느 날 새벽에 아내가 빨간색 기도 방석 두 개를 들고 귀가했다. 기도 방석에는 "금요철야예배"라는 문구가 선명히 인쇄되어 있었다. 아내는 금요철야예배를 마치고 새벽기도까지 한 다음에 왔다고 말하였다.

아내의 간절한 심정이 고스란히 내게 전해졌다.

하지만 아무 일도 하지 못하고 있는 나의 현실에 아침 식사 자리에는 무거운 침묵만 흘렀다. 그 침묵을 깬 아내의 제안은 "금요철야예배에 가면 당신이 좋아할 것 같아요."라는 말이었다. 아내의 말을 듣기 전까지만 해도 금요일 밤에 철야예배가 있는 줄도 몰랐다. 그 다음 주 금요일 늦은 밤에 아내와 함께 금요철야예배에 처음으로 참석했다.

주일 예배와는 비교할 수 없이 긴 찬양 시간은 마음을 누르고 있던 무거운 감정을 소리 높여 털어낼 시간이었다.

주일 예배와는 비교할 수 없이 긴 설교 시간은 평소에 잘 알지 못했던 성경을 깊이 이해할 수 있게 한 기쁨의 시간이었다.

주일 예배와는 비교할 수 없이 긴 기도 시간은 통성으로 하나님에게 나의 처지를 외칠 수 있는 간절한 갈망의 시간이었다.

본당의 제일 앞줄에 자리 잡고 일어서서 찬양하고 말씀을 요약

하여 필기하고 바닥에 무릎 꿇고 눈물을 흘리며 기도하고 자유를
누릴 수 있는 시간이었다.

금요일 밤이 되면 항상 아내와 함께 교회에 갔다.

바깥은 찬바람이 부는 한겨울이었지만 마음의 위로를 받고 하나
님 앞에 무릎을 꿇고 기도하는 시간이었기에 조금씩 마음의 평안
이 찾아 왔다. 그래도 현실의 변화는 없었다.

그 무렵부터 한동안 불참했던 순예배에 다시 참석하였다.

식구들처럼 모두가 각자의 사정을 나누며 서로에게 힘을 주어온
순식구들과의 교제 시간에 홍정옥 권사님이 나에게 용기를 주는
말씀을 해주면서 욥기를 읽으라고 권했다. 이 말을 들으면서 겉으
로는 웃으면서 꼭 읽겠다고 했지만 속으로는 암담한 나의 처지에
한가하게 성경을 읽게 됐냐는 악한 마음을 가졌다. 숨김없는 고백
이다.

책상에 앉아 인터넷으로 직장을 알아봐도 마음에 흡족한 일자
리를 찾을 수 없었다. 그러던 어느 날, 책상에만 앉아 있는 나에게
아내가 성경과 무릎담요 그리고 커피를 텀블러에 담은 가방을 주
며 교회에 가서 기도하라고 권했다. 집에만 있으니 답답하기도 했
고 혼자만의 시간을 갖는 것도 마음의 안정을 얻을 수 있겠다는
생각으로 홀로 교회를 찾았다. 평일의 텅 빈 교회당 본당은 불도
꺼져 있고 조용하기만 했다. 몇 주를 그렇게 주일을 제외하고 교회
에 가서 홀로 기도하고 성경을 읽었다.

그날도 마찬가지로 교회 본당의 한쪽 구석에 앉아 기도하는데 조용한 흐느낌이 들렸다. 반대편 구석에 비슷한 나이 또래의 한 남성이 서러울 정도로 흐느끼고 있었다.

속으로 생각했다.

'저 사람도 나만큼 힘든 상황인 모양이구나! 아니 나보다 더 고통스러운 처지일지도 모른다. 나는 흐느끼며 울지는 않는데…'

그 흐느끼는 울음을 들으면서 하나님에게 나의 처지를 고백하고 이 힘든 상황에서 벗어나게 해달라고 간절히 기도했다. 그 기도를 하는 중에 생각하지도 않게 흐느끼는 또래 남성을 위한 기도를 하게 되었다.

동병상련의 마음을 하나님이 헤아렸음일까?

II

다음 날, 교회가 운영하는 지방의 기도처소에 가서 기도하고 싶은 마음이 들었다. 평일 대낮의 그곳은 사람을 찾을 수 없을 만큼 조용했다. 주일 예배를 드리는 넓은 예배당에 들어갔지만 한 사람도 없었다. 은은하게 찬양곡이 흘러나오는 그곳에서 무릎을 꿇고 기도했다.

하루하루의 삶이 너무 고통스럽다며 이 고난의 시간을 중단해 달라고 하나님께 애원했다. 어떤 일자리라도 좋으니 일을 할 수 있게 해달라고 눈물을 흘리며 절박한 심정으로 매달렸다. 긴 시간의 기도를 하니 마음이 한결 평안해졌다.

그 순간에 욥기를 읽어보라는 홍정옥 권사님의 권고가 기억났다. 가방에서 개역 개정-NIV 대역 성경을 꺼내 욥기를 찾아 펼쳤다. 펼친 순간 욥기라는 한글 제목 대신에 Job라는 영어 제목이 먼저 눈에 들어 왔다. 욥이 영어로 Job이라는 것도 그때 처음 알았다. 그토록 일자리를 갈망했기 때문에 Job이 먼저 눈에 들어온 것이다.

첫 절을 읽기도 전에 오로지 Job이라는 단어만 바라보며 다시 눈물을 흘리기 시작했다. 하루 전에 본당에서 흐느끼며 울었던 같은 또래 남성의 흐느낌보다 더 심하게 흐느끼고 이어서 통곡하며 가슴을 치면서 울었다. 한 시간도 넘게 서러운 울음은 멈추지 않았다.

한참을 울고 난 후에 욥기를 읽기 시작했다. 정독이 아니라 그냥 빠르게 읽었다.

이유 없이 엄청난 고난을 당한 욥이 친구들과 격렬하게 논쟁을 하고 마음의 고통을 겪었지만 마지막에는 하나님이 잃었던 모든 것을 곱절로 돌려주었다는 이야기로 요약하여 기억하였다.

마음에 큰 위로가 되었다.

나를 향한 하나님의 약속이라는 생각도 했다. 그러나 그 간절한 기도에도 불구하고 삶에는 변화가 없었고, 오직 마음의 평안을 얻기 위해 매주 금요일 밤에 금요철야예배를 찾아 기도하며 시간을 보냈다.

그토록 추운 겨울을 지낸 어느 봄날, 전혀 생각하지도 않은 일자리 제안이 있었고 기쁜 마음으로 일을 시작했다. 서울 근교에 있는 규모가 제법인 유스 호스텔의 대표이사가 되어 주중에는 아예 직장에서 숙식을 하며 최선을 다했다. 새벽에 일찍 일어나 시설과 직원 당직 상태를 점검하고 근처에 있는 작은 시골 교회에 가서 새벽기도를 드리며 매일을 감사한 마음으로 열심히 일했다. 모든 객실이 가득 찼고, 밤이 되면 운동장에서 학생들이 캠프파이어를 하면서 합창하는 등 활기찬 나의 일터가 되었다.

그러나 몇 개월 후, 전국을 휩쓴 메르스 감염병으로 인해 모든 단체 예약이 취소됐고, 계약금은 환불됐다. 회사의 은행 대출금 이자 납입이 어려워지게 되자 주거래 은행은 회사 계좌를 압류하였다. 이를 이겨내고자 기업회생을 신청하였으나 매출 회복이 더욱 어려워졌다.

다시 일자리를 잃는 위기 상황이 되었다.

그때가 처음 일자리를 잃은 후 유학 중이던 아들이 휴학하고 돌아와 군 복무를 마치고 복학을 준비하는 중이었다. 유학 비자를 받기 위해서는 보증인인 부모의 1년간 납세증명서가 필요했는데 그 직장에서 일했기 때문에 서류를 준비할 수 있었다.

비자 신청 마감일이 직장 근무 만 1년이 되는 날의 다음 날이어서 극적으로 서류를 제출할 수 있었다. 하나님은 나에게 일자리를 주었지만 하나님의 더 큰 계획은 아들의 복학이었던 것이다. 세 식구가 손을 잡고 하나님의 놀라운 은혜에 감사 기도를 했다. 영화

같은 하나님의 계획이었다.

아들이 미국으로 돌아가 복학을 한 후에 직장은 폐쇄되었다.

다시 고난이 시작되었다.

III

다시 힘든 고난이 시작되었지만 하나님의 놀라운 은혜를 경험했기 때문에 마음의 고통은 처음 실업자가 되었을 때보다 크지 않았다. 아르바이트를 하면서 틈나는 밤 시간에 다시 욥기를 차근차근 읽기 시작했다.

법정의 치열한 다툼과 같은 욥과 친구들의 논쟁, 이유를 알 수 없이 모든 것을 잃은 욥의 당혹스러운 심정, 아내를 비롯하여 친지들의 냉정한 외면, 그 고난 속에서 하나님에게 항변하는 욥의 절규 그리고 그 과정을 통해 우리가 알 수 없는 하나님의 크고 원대한 계획을 한줄 한줄 읽으며 어떤 구절에서는 분노하고, 다른 장면에서는 각자의 주장을 펼치는 논리에 감탄하기도 하면서 욥기의 깊은 매력에 빠져들어갔다.

하나님을 처음 만났던 시절에는 경험하지 못한 말씀이 주는 깊은 울림에 다가갈 수 있었다. 읽을수록 그 말씀의 의미가 무엇인지를 더 자세히 알기 위해 관련 서적을 구해 읽어야겠다는 생각이 들었다. 읽다가 막히면 아래 소개된 책을 펼쳐 저자의 생각과 나의 생각을 대비해보았고, 이해가 안 되는 부분은 학자의 설명을 통해 조금 더 깊이 욥기에 다가갈 수 있었다.

이 작은 책을 준비하면서 읽은 욥기 관련 참고서적이다.

송병현, 『엑스포지멘터리 욥기』, 도서출판 이엠, 2018
권지성, 『특강 욥기』, IVP, 2019
김기석, 『아! 욥 ; 욥기 산책』, 꽃자리, 2016
로이죽, 전광규 역, 『BKC강해주석 욥기』, 두란노, 2017

그리고 온라인 국회 도서관 등을 연결하여 욥기에 대한 많은 석박사 학위 논문을 읽으며 욥기를 통해 하나님이 우리에게 주고자 하는 음성을 듣기 위해 노력했다. 이런 공부 과정에서 히브리어와 헬라어 원어의 의미를 깊이 이해하지 못하는 어려움을 느끼게 됐다.

구약은 히브리어로, 신약은 헬라어로 쓰여졌다는 사실만 알았을 뿐 이 언어에 대한 공부를 전혀 하지 않은 탓에 더 깊이 있게 말씀에 다가가는데 부족했다. 인터넷으로 의문이 나는 원어의 의미를 찾던 중 바이블 허브(www.biblehub.com)라는 사이트를 알게 됐다. 이곳에는 NIV, KJV를 비롯해 24종의 영어 성경은 물론 이들 성경별로 각 절을 한눈에 볼 수 있도록 배열되어 있다. 또한 히브리어와 헬라어의 발음과 단어의 뜻을 영어로 볼 수 있으며, 영어권의 수많은 성경주석서 내용을 성경 구절별로 찾아볼 수 있다. 연관 구절을 손쉽게 볼 수 있는 것은 물론 명칭과 지명에 대한 정보도 종합 정리가 되어 있다.

이 사이트가 있기 때문에 궁금했던 히브리어와 헬라어의 여러 뜻을 찾아볼 수 있었다. 이 사이트는 성경을 깊이 있게 읽을 수 있는 큰 선물이 되었고, 이 책을 준비하는 데도 많은 도움이 되었다.

한글, 일본어, 중국어 성경은 '홀리넷'www.holy bible.or.kr이라는 국내 사이트의 도움을 받았다. 미묘한 차이가 있는 단어를 한자로 구별하여 확인하는 데 도움이 되었다.

그리고 미국에 있는 아들은 이 글을 준비한다는 소식을 듣고 원어 성경에 가장 가깝게 번역된 영어 성경으로 평가되는 ESV Study Bible을 선물해주었다.

이 성경도 많은 도움이 되었다.

IV

마흔아홉의 늦은 나이에 하나님의 놀라운 인도하심으로 주님을 영접했기 때문에 아직도 주님을 알지 못하는 많은 사람들이 더 늦기 전에 하나님을 만나는 것이 최고의 행복이라는 말을 해주고 싶었다. 또 처음 접하면 어렵게 느낄 수 있는 성경이지만 우리 삶의 소중한 등불이라는 믿음을 나누어야겠다는 마음이 들었다.

욥기에서 만나는 우리의 삶 속의 소소한 주제들에 대해 생각해보고 예수와 그 제자들 그리고 다른 성경 각 책은 그 주제에 대해 어떤 생각을 했는지를 알아보면 의미가 있을 것이라고 생각했다.

그리고 관련된 성경 구절을 통해 우리 모두에게 주는 메시지를 연결해보면 편한 마음으로 성경에 다가갈 수 있을 것이라는 작은 바람도 갖게 되었다.

이 책의 제목도 우리가 언제나 가까이 접할 수 있으며 한번은 생각해 볼 수 있는 내용으로 글쓴이 같은 생각도 해볼 수 있겠다는 마음으로 붙여 보았다. 그리고 글쓴이와 같은 마음으로 읽었으면 하는 바람도 가졌다.

크리스천들도 편하게 주제에 대한 성경의 짧은 구절을 읽으며 제목과 연관해서 생각해보고 그 속에서 기도 제목을 찾는 것도 나름대로 의미가 있을 것이라는 기대도 있다.

교회 다니는 주변 사람은 알지만 스스로 교회에 한 번도 가지 않았던 이들도 수필을 읽는 가벼운 마음으로 성경에 이런 내용도 있다는 것을 이 글을 통해 알고 하나님께 다가갈 수 있으면 좋겠다는 바람도 있다.

신학을 전공하지도 않았고, 체계적으로 성경을 공부한 적이 없지만 성경을 읽으며 느낀 생각을 매우 부족하지만 수필처럼 정리했다. 누구나 성경을 가까이할 수 있다는 믿음에 용기를 내고 도전했다는 점을 이해해 주기 바란다.

언제나 가족을 위해 기도를 쉬지 않으시는 아흔 살의 어머님, 거듭되는 고난 속에서도 항상 기도로 함께 해주며 QT 파트너인 사랑하는 아내, 어려움 속에서도 용기를 잃지 않고 힘든 미국의 대학 과정을 마치고 미국 현지에서 한 분야의 전문가로 살아가는 아들에게 고마운 마음을 전한다.

그리고 금요철야예배 출석 초기 5년간 변함없이 예배를 이끌어주며 말씀으로 하나님의 음성을 전해주며 믿음을 키워주신 이해영 목사님(현 서울 성민교회 위임목사)과 욥기를 추천해주고 늘 기도로 중보해 주시는 '기도의 어머니' 홍정옥 권사님에게 감사의 말씀을 드린다.

끝으로 욥처럼 뜻하지 않은 고난을 당하고 있는 이 땅의 이름 모를 사람들과 자신이 알 수 없는 고난 속에 있는 많은 분들에게 평범한 기독교인이 보내는 위로의 편지로 읽으면서 용기를 잃지 말고 더 나은 미래를 향해 나가자는 응원을 전한다.

바울의 서신서 가운데 하나인 빌립보서 마지막 장인 4장의 일부를 재구성한 응원 기도 편지를 독자 여러분께 전한다.

11. 내가 궁핍하므로 말하는 것이 아니니라 어떠한 형편이든지 나는 자족하기를 배웠노니.

12. 나는 비천에 처할 줄도 알고 풍부에 처할 줄도 알아 모든 일 곧 배부름과 배고픔과 풍부와 궁핍에도 처할 줄 아는 일체의 비결을 배웠노라.

6. 아무 것도 염려하지 말고 다만 모든 일에 기도와 간구로, 너희 구할 것을 감사함으로 하나님께 아뢰라.

7. 그리 하면 모든 지각에 뛰어난 하나님의 평강이 그리스도 예수 안에서 너희 마음과 생각을 지키시리라.

19. 나의 하나님이 그리스도 예수 안에서 영광 가운데 그 풍성한 대로 너희 모든 쓸 것을 채우시리라.

23. 주 예수 그리스도의 은혜가 너희 심령에 있을지어다.

2026년 정초, 용산에서 정태용

목 차

- 용기와 동행한 고난의 기억

제1장 관계(關係) 19

부모(父母)　　20
부부(夫婦)　　28
친구(親舊)　　37
친척(親戚)　　49
배려(配慮)　　56

제2장 공존(共存) 65

언어(言語)　　66
음성(音聲)　　78
명칭(名稱)　　85
소식(消息)　　93
태도(態度)　　101

제3장 부정(否定) 109

고통(苦痛)　　　110

차이(差異)　　　116

오류(誤謬)　　　126

배반(背反)　　　133

의심(疑心)　　　140

제4장 가치(價値) 149

비유(比喻)　　　150

생명(生命)　　　157

용기(勇氣)　　　165

회복(回復)　　　174

정의(正義)　　　182

제5장 그리고 고백(告白) 191

- 부모
- 부부
- 친구
- 친척
- 배려

제1장

관계(關係)

부모(父母)

I

자녀가 이 세상에 태어나기 전인 태아 때부터 그 핏줄을 지극히 사랑하는 것이 부모이다. 성별도 모르고 얼굴도 보지 못했음에도 태명胎名을 지어 부르면서 복중의 태아를 애지중지한다. 이것이 부모의 자녀에 대한 사랑의 시작이며, 본질이다. 이처럼 부모의 자녀 사랑은 조건과 기준이 없으며, 대가를 바라지 않는 무한 사랑이다.

인류 최초의 부부이며, 부모인 아담과 하와(이브)는 가인과 아벨 등 많은 자녀를 낳았다. 부부와 자녀로 구성된 가족이 형성된 것이다. 그러나 가족의 행복은 잠시였다.

형 가인이 동생 아벨을 살인하는 비극이 발생하였다. 인류 최초의 살인사건인 형제간 살인사건은 부모에게 큰 상처가 되었을 것이다. 자식이 죽으면 부모는 가슴에 묻는다는 말이 있지만 아담과 하와에게는 그보다 더 큰 아픔이었을 것이다.

하지만 살인을 한 가인이 하나님에게 진정으로 잘못을 빌었고, 여호와 하나님은 다른 사람으로부터 그를 지켜주었다. 아울러 부모인 아담과 하와에게도 큰 마음의 위로와 함께 새로운 자녀를 주는 사랑을 베풀어줌으로써 자녀들이 성장하여 부모가 되는 역사를 이루게 되었다.

II

욥의 일곱 아들들은 자신의 생일이 되면 자기 집으로 다른 형제뿐만 아니라 누이 세 명도 초대하여 잔치를 베풀며 먹고 마시면서 즐거운 시간을 보냈다. 그렇게 욥의 자녀들은 우애가 돈독하였다. 또한 욥의 아들들은 왕의 자녀들처럼 각자가 집을 소유하고 있을 정도로 부유했다. 그리고 누이까지 초대하여 함께 할 정도로 성차별이 없는 건강한 가족관계를 형성하고 있었다. 이런 잔칫날이 되면 욥은 바빠졌다.

> 그들이 차례대로 잔치를 끝내면 욥이 그들을 불러다가 성결하게 하되 아침에 일어나서 그들의 명수대로 번제를 드렸으니 이는 욥이 말하기를 혹시 내 아들들이 죄를 범하여 마음으로 하나님을 욕되게 하였을까 함이라. 욥의 행위가 항상 이러하였더라 |욥기 1:5

욥은 아들의 생일잔치가 끝날 때마다 그 잔치에 참석한 자녀들을 집으로 불러 몸과 마음을 깨끗하게 하였다. 또 아침에 일어나 자녀들의 숫자대로 하나님에게 번제를 드렸다. 욥이 이렇게 한 이유는 잔치를 하면서 즐겁게 떠들고 마시는 과정에서 본래의 마음과는 상관없이 자녀들이 하나님으로부터 떠나는 말을 하는 실수를 했을 것을 염려했기 때문이다.

사람은 술에 취하면 본래의 마음과는 다른 생각을 하거나 말을 하기도 한다. 욥은 자녀들이 하나님에게 그런 죄를 지었을 수도 있으니 잔치가 끝난 후에 집으로 불러 몸과 마음을 깨끗하게 한 이후에 하나님께 자녀 숫자만큼의 번제를 드린 것이다. 하나님께 번제를 드림으로서 자녀들이 지었을 수도 있는 죄에 대한 하나님의 진노를 누그려뜨리고, 그를 통해 하나님의 진노의 결과인 심판을 면제받기를 바란 것이다.

이것이 자녀가 조금이라도 잘못될 것을 걱정하는 부모의 마음이다.

욥이 하나님을 경배하고 자녀를 사랑하는 이러한 행동은 살아 있는 가정 교육이다. 1년에 적어도 일곱 차례 형제들의 생일잔치를 마친 후에 아버지인 욥이 자녀를 집으로 불러 성결하게 하고, 다음 날 아침 일찍 하나님께 번제를 드리는 과정에 모든 자녀들이 함께했을 것이다. 이 과정을 함께 하면서 아버지 욥이 그렇게 하는 이유를 자연스럽게 알게 되었을 것이고, 이러한 깨달음을 통해 생일잔치 때마다 먹고 마시는 중에도 무엇을 조심하고 어떤 실수를 해서는 안 되는지를 늘 마음에 생각했다고 본다. 그리고 형제 자매간에 서로 대화를 하면서 실수하지 않도록 마음을 가다듬었을 것이다.

즐거움 속에서도 방종하지 않는 절제와 하나님이 주신 행복의 시간이 소중하다는 마음도 자연스럽게 갖게 되었다고 본다. 이것이 부모를 통해 자녀에게 전해지는 생생한 가정 교육이다.

고통의 시간을 보내는 욥을 찾아온 친구 가운데 한 명인 빌닷은 욥의 마음에 큰 상처를 주는 말을 한다.

> 네 자녀들이 주께 죄를 지었으므로 주께서 그들을 그 죄에 버려두
> 셨나니 네가 만일 하나님을 찾으며 전능하신 이에게 간구하고 또
> 청결하고 정직하면 반드시 너를 돌보시고 네 의로운 처소를 평안
> 하게 하실 것이라 |욥기 8:4-6

공동번역 성경은 이 구절을 실감 나게 표현했다.

> 자네 아들들이 그분께 죄를 지었으므로 그분께서 그 죗값을 물으
> 신 것이 분명하네
> 그러니 이제라도 자네는 하느님을 찾고 전능하신 분께 은총을 빌
> 게나
> 자네만 흠이 없고 진실하다면 이제라도 하느님께서는 일어나시어
> 자네가 떳떳하게 살 곳을 돌려주실 것일세 |공동번역

빌닷은 친구 욥을 위로하기 위해 왔음에도 모든 자녀를 잃은 친
구에게 자녀들의 죽음은 그들이 하나님에게 죄를 지었기 때문이라
고 잔인하게 말한다. 또 한순간에 사랑하는 자녀들을 잃은 욥에
게 설상가상의 말인 셈이다. 자녀들은 죄 때문에 죽었지만 자네는
죽을 정도의 죄를 짓지 않아 살아 있으니 하나님에게 은총을 빌면
하나님이 용서해 줄 것이고 평안을 누리게 될 것이라는 주장이다.
이에 대해 욥은 자녀라는 단어를 사용하지 않으면서 대답한다.

자녀의 죽음은 다시는 생각하기조차 싫을 정도로 큰 상처였기 때문일 것이다. 절망과 좌절 그리고 분노 속에서도 자녀가 죽은 이유를 단정적으로 말하는 친구에게 더 이상 그 문제에 대해 길게 답하지 않는다.

하지만 욥의 속마음에서는 죽은 자녀를 다시 떠올리며 눈물을 흘렸을 것이고, 친구에 대한 분노의 마음도 가득했을 것이다. 하지만 욥은 스스로 자책하는 말로 대답을 한다.

나는 온전하다마는 내가 나를 돌아보지 아니하고 내 생명을 천히 여기는구나 | 욥기 9:21

이러한 욥의 말이 자식을 잃은 부모의 심정을 함축하여 보여준다. 자녀를 잃었지만 그 사망 원인을 알지 못하거나 시간이 흘러가도 범인 조차 찾을 수 없는 부모의 심정이 욥의 마음과 같을 것이다.

III

예수는 탄생 직후부터 죽음의 위협에 직면하였다.

예수가 탄생한 시기에 유대 지방을 다스리던 헤롯왕은 아기 예수의 탄생을 경배하기 위해 방문한 동방박사를 만난다. 이 자리에서 성경에 예언된 유대인의 왕이 태어났다(마태복음 2:2)는 말을 동방박사들에게 듣게 된다. 이 말을 들은 헤롯왕은 자신의 왕권을 지키기 위하여 교활한 꾀를 낸다. 동방박사들에게 은밀하게 별이 나타난 때를 자세히 묻고 베들레헴에 가서 아기에 대해 자세히 알아보고 그 아기를 찾거든 헤롯왕도 경배하겠다는 뜻을 전한다.

개역개정 성경에서는 "헤롯이 가만히 박사들을 불러(마태복음 2:7)"로 번역되어 있지만 '가만히'보다는 '은밀하게'라는 의미가 더 정확한 표현이다. 헬라어로 λάθρα(lathra)는 '비밀리에, 사적으로'라는 의미이다. 헤롯왕은 예수를 죽이겠다는 나쁜 의도로 '은밀하게' 동방박사들에게 이러한 부탁을 한 것이다. 헤롯의 이런 시도가 하나님의 보호에 의해 좌절되자 헤롯은 박사들에게 속은 것에 분노하면서 사람들을 보내어 베들레헴과 그 인근 지역의 두 살 아래 사내 아이들을 모두 죽이는 만행을 저지른다.

그러한 헤롯의 만행 이전에 하나님은 주의 사자를 통해 예수의 아버지인 요셉의 꿈에 나타나 이집트로 피하고 다시 말할 때까지 그곳에 머무르라는 메시지를 전하였다. 요셉은 그 밤에 바로 일어나서 아기 예수와 아내 마리아를 데리고 이집트로 떠난다. 요셉은 목수라는 자신의 생업이 있었음에도 불구하고 헤롯의 만행으로부터 아들 예수를 지키기 위해 망설이지 않고 그 밤에 즉시 이집트로 피했다. 자신의 삶보다 자녀의 생명을 더욱 귀하게 여기는 장면이다. 이것이 부모가 자녀를 사랑하는 상징적 사건이다.

IV

누가복음에 따르면 예수는 소년 시절에 부모의 속을 태운 사건의 주인공이다. 12살에 불과한 소년 예수가 부모 곁에서 사라졌다. 그것도 살고 있는 나사렛 동네에서 없어진 것이 아니라 유대 민족의 최대 명절인 유월절을 맞아 관례에 따라 부모와 함께 예루살렘에서 갔다가 되돌아오는 길에 아이 예수가 동행 중에 없다는 것을 예수의 부모가 뒤늦게 알게 된 것이다.

예루살렘으로부터 하룻길이 지난 뒤에야 일행 중에 아이 예수가 없는 것을 뒤늦게 발견한 부모는 예루살렘으로 되돌아가면서 아이 예수를 찾았다. 그리고 사흘 후에야 예루살렘 성전에서 선생들과 함께 앉아 그들에게 듣기도 하고 묻기도 하는 아들 예수를 찾을 수 있었다.

유월절 축제를 마치고 예루살렘에서 각자의 고향으로 되돌아가는 수많은 인파 속에서 아들 예수를 찾기 위해 사람들을 붙들고 속 타는 마음으로 자신들의 아들을 보지 못했냐고 물으며 그 먼 길을 되돌아가는 부모의 심정을 생각해보자. 그리고 무려 3일만에 성전에서 무사히 있는 아들의 모습을 발견한 부모의 마음을 그려보자.

성경은 아들 예수를 발견한 마리아의 심정이 담긴 말을 그대로 기록하고 있다.

아이야 어찌하여 우리에게 이렇게 하였느냐 보라 네 아버지와 내 마리아가 아들 예수에게 한 말 가운데 '근심하여'는 헬라어로 ὀδυνάω(odunao)로서 '고통을 느끼며'라는 뜻이다. 아들을 찾는 부모의 마음이 과장 없이 담긴 표현이다. 이 사건 이후에 고향으로 돌아간 예수는 부모에게 순종하며 살았다고 기록되어 있다. (누가복음 2:51 참조)

잃었던 아들을 찾는 간절한 사랑의 마음을 다시 한번 느낀 자녀가 부모에게 순종하며 받들었다는 말씀을 통해 부모의 사랑이 자녀에게 실질적으로 전해질 때 자녀가 그 사랑을 마음에 담고 올바르게 성장한다는 평범한 교훈을 되새겨 본다.

부부(夫婦)

I

인류 최초의 부부는 아담과 하와이다.

천지창조의 광대한 작업을 하신 하나님이 6일째 되는 날에 남자라는 이름 뜻을 갖고 있는 아담을 하나님의 형상대로 지었다. 그리고 "생육하고 번성하여 땅에 충만하라, 땅을 정복하라, 바다의 물고기와 하늘의 새와 땅에 움직이는 모든 생물을 다스리라(창세기 1:28)"고 하였다.

창세기 2장에서는 하와를 창조한 이유를 상세하게 설명하고 있다.

20. 아담이 모든 가축과 공중의 새와 들의 모든 짐승에게 이름을 주니라 아담이 돕는 배필이 없으므로

21. 여호와 하나님이 아담을 깊이 잠들게 하시니 잠들매 그가 그 갈빗대 하나를 취하고 살로 대신 채우시고

22. 여호와 하나님이 아담에게서 취하신 그 갈빗대로 여자를 만드시고 그를 아담에게로 이끌어 오시니

23. 아담이 이르되 이는 내 뼈 중의 뼈요 살 중의 살이라 이것을 남자에게서 취하였은 즉 여자라 부르리라 하니라

24. 이러므로 남자가 부모를 떠나 그의 아내와 합하여 둘이 한 몸을 이룰지로다 | 창세기 2:20-24

아담과 하와가 부부가 된 것이 한 몸을 이룬 것이라고 하였는데 예수도 부부가 한 몸이라는 점을 강조하였다.

그 둘이 한 몸이 될지니라 이러한즉 이제 둘이 아니요 한 몸이니
|마가복음 10:8

이제 둘이 아니요 한 몸이니 그러므로 하나님이 짝지어 주신 것을
사람이 나누지 못할지니라 하시니 |마태복음 19:6

부부는 둘이 한 몸을 이루는 것으로 설명하고 있는데 '몸'은 히브리어로 רָשָׂב(basar)이다. 이 단어의 어원은 '소식을 가져다주다' to bear tiding로서 '복음을 가져다주다' bear good news로 사용되기도 한다.

II

욥이 재산과 자녀들을 모두 잃고 건강마저 잃은 상황이 되자 욥의 아내는 "당신이 그래도 자기의 온전함을 굳게 지키느냐 하나님을 욕하고 죽으라(욥기 2:9)"고 폭언을 한다. 그래도 욥은 아내의 말에 대해 어리석은 여자의 말 같다면서 하나님을 옹호한다. 욥은 "우리가 하나님께 복을 받았은 즉 화도 받지 아니하겠느냐(욥기 2:10)"고 아내의 폭언에 대해 응답하면서 욥은 말로 하나님에게 죄

를 짓지 않았다.

모든 것이 풍성했고, 자녀들도 모두 우애가 깊은 가운데 잘 성장한 욥의 집안에 상상조차 하지 못한 불행이 닥쳤다. 그런 상황에서 욥의 아내는 욥에 못지않게 좌절하고 마음의 고통이 더욱 컸다고 본다. 특히 열 명의 자녀를 출산하고 키운 어머니로서 욥의 아내가 당한 고통과 슬픔은 감당하기 힘들었을 것이다. 욥의 아내는 그 삶 자체가 무너진 상황이었을 것이다.

어머니로서 감당하기 힘든 슬픔 속에서 남편인 욥마저 건강을 잃고 잿더미 위에서 질그릇 조각으로 몸을 긁고 있는 모습을 보자 분노가 더욱 커져서 욥에게 폭언을 했을 것이다. 물론 욥이 하나님을 경외하고 악에서 떠난 사람이라고 해도 욥의 아내의 입장에서 보면 엎친 데 덮친 격의 불행 때문에 그녀의 마음은 참기 힘든 분노로 가득했을 것으로 짐작된다.

우리가 살아가면서 극한적인 상황에 직면하거나 참기 힘든 분노에 달하면 의도와는 무관하게 혼잣말로 욕을 하는 경우가 있다. 그런 상황을 만든 상대가 앞에 있다면 그를 향해 폭언과 폭행을 하는 경우도 있다. 하나님을 믿는 사람 가운데 자녀를 뜻하지 않게 잃게 된 후에 하나님을 원망하며 하나님에게 책임을 묻기도 한다. 또 그 좌절의 분노를 이기지 못하여 하나님을 떠나기도 한다.

소설가 박완서 씨는 의사의 꿈을 펼쳐가던 25세의 외아들을 교통사고로 잃었다. 그녀는 "하나님은 없는 게 낫다"고 절규했다. 또 수녀원에 스무날 동안 들어가 하나님을 향하여 "한 말씀만 하라"

고 부르짖었다. 이것이 자식을 잃은 어머니의 심정일 것이다. 아마도 욥의 아내도 그런 심정으로 저주의 말을 했다고 본다.

자신의 심정과는 다르게 하나님 앞에서 온전함을 지키는 남편 욥에 대해 화도 났을 것이다. 이 같은 일을 당하게 되면 대부분의 사람들은 욥의 아내와 같이, 소설가 박완서 씨와 같이 절규할 것이다.

III

부부는 살아가면서 서로 닮는다고 한다. 어떤 부부는 남매처럼 보일 정도로 닮은 모습을 볼 수 있으며, 소울 메이트soul mate라고 불리는 성격까지 닮은 부부도 있다. 이것을 입증하는 과학적 연구 결과도 많이 있다.

예수의 부모인 요셉과 마리아는 자신의 판단과 사회적 시선에 대한 두려움을 버리고 하나님의 말씀에 순종했다. 대표적인 소울 메이트라고 할 수 있다.

예수의 아버지인 요셉과 어머니인 마리아는 약혼을 하였지만 아직 함께 살지는 않았다. 그런 상황에서 처녀 마리아가 성령으로 예수를 잉태하는 큰 사건이 발생했다. 이를 알게 된 요셉은 그 시대의 율법에 따라 마리아를 간음죄로 고발하는 등 다른 사람들에게 알리는 방법 대신에 마리아와의 관계를 조용히 정리하겠다고 생각했다. 그때 요셉에게 주의 사자(천사)가 나타나 마리아에게서 구원자 예수가 탄생할 것이라고 알려준다.

> 20. 이 일을 생각할 때에 주의 사자가 현몽하여 이르되 다윗의 자
> 손 요셉아 네 아내 마리아 데려오기를 무서워하지 말라 그에게 잉
> 태된 자는 성령으로 된 것이라
> 21. 아들을 낳으리니 이름을 예수라 하라 이는 그가 자기 백성을
> 그들의 죄에서 구원할 자이심이라 하니라 | 마태복음 1:20-21

"요셉은 의로운 사람(마태복음 1:19)"이라고 하지만 인간적으로는
관계를 조용히 정리하겠다는 결심을 할 정도로 고통스러웠을 것이
다. "의로운 사람"은 헬라어로 δίκαιος(dikaios)로서 올바른, 의로운
사람이라는 의미와 아울러 '하나님의 눈에 맞는 사람'이라는 뜻이
포함되어 있다.

요셉은 주의 사자가 전한 말을 듣고 생각을 바꾸어 마리아를 데
리고 왔으나 예수가 태어날 때까지 동침을 하지 않았다. 하나님의
계획에 순종하는 요셉이었던 것이다.

천사가 마리아에게도 아들을 낳을 것이라고 말했다.

> 31. 보라 네가 잉태하여 아들을 낳으리니 그 이름을 예수라 하라
> 32. 그가 큰 자가 되고 지극히 높으신 이의 아들이라 일컬어질 것
> 이요 주 하나님께서 그 조상 다윗의 왕위를 그에게 주시리니
> | 누가복음 1:31-32

요셉과 잠자리를 갖지 않은 처녀가 임신을 했다는 사실은 당사자도 이해할 수 없는 사건이며, 그 사회의 구성원으로서 매장되는 중대한 문제이다. 마리아는 천사에게 자신의 당혹스러운 마음을 솔직하게 표현한다.

> 마리아가 천사에게 말하되 나는 남자를 알지 못하니 어찌 이 일이 있으리이까 |누가복음 1:34

하나님은 요셉과 마리아 두 사람에게 각각 이 세상을 구원할 아들이 태어날 것이며, 그의 이름을 예수라 하라고 동일한 사실을 알렸다. 그리고 이 부부는 하나님의 말씀에 순종하여 부부가 되었고 그를 통해 예수가 이 땅에 오게 된 것이다.

IV

정략 결혼과 같이 다른 의도가 있는 결혼이 아니라면 서로 사랑하기 때문에 혼인하고 가정을 이룰 것이다. 서로 다른 가정에서 태어나 다른 성장 과정을 거쳐 새로운 하나의 가정을 이루게 되는 것이 결혼이다. 신혼 초에 부부가 함께한 공간에서 살아갈 때, 서로 다른 성장 배경 때문에 어색하기도 하다.

부부의 행복은 서로가 익숙해져 가는 과정에서 느낀다. 하지만 그 과정에서 갈등이 발생하기도 하며, 그것이 부부싸움으로 커지

기도 한다.

최근 우리나라의 통계를 보면 성격 차이가 이혼 사유의 45% 내외이다. 이어 배우자의 부정이 두 번째 이혼 사유이다. 성격 차이의 내면에는 여러 이유가 있겠지만 부부로서 익숙해지는 과정에서 서로 존중하는 마음이 부족하기 때문일 것이다. 배우자의 부정도 상대를 존중하는 마음이 사라졌기 때문에 발생하는 것이다.

따라서 남편과 아내가 합하여 한 몸을 이룬다는 뜻에는 '좋은 소식을 가져다준다'는 의미가 담겨져 있다는 것을 이 땅의 부부들이 항상 마음에 품고 살아간다면 따뜻하고 행복하게 살 수 있다. 그리고 그 과정을 통해 가정에 좋은 소식이 가득해질 것이다.

〈논쟁〉
욥은 아내와 이혼했을까?

극소수의 성경학자나 목회자들 가운데 욥의 아내가 욥에게 폭언을 한 이후에 욥을 떠났을 것이라고 주장하기도 한다. 그러나 성경에는 욥의 아내가 떠났다는 구절은 없다. 욥의 아내가 떠났다고 주장하는 이유는 남편에게 엄청난 폭언을 한 것을 보아 이 말을 하고 욥을 떠났을 것이라는 지레짐작일 뿐이다.

하지만 욥의 아내가 평생 욥과 함께 있었다는 구절도 없다.

이럴 경우에는 욥의 말에서 이혼을 했는지를 따져보고, 또 하나님을 경외하며 살아온 욥이 하나님의 말씀을 지키며 살았을 것이라는 전제를 하는 것이 합리적인 판단이다.

욥이 세 친구들과 대화하는 과정에서 욥의 말로 욥의 아내가 떠나지 않았다는 사실을 확인해보겠다.

내 아내도 내 숨결을 싫어하며 |욥기 19:17

친구 빌닷의 말에 대해 욥이 대답하는 중에 나온 말이다.

이 구절의 전후를 보면 욥이 모든 것을 잃고 난 이후에 형제는 물론 친척과 지인들도 자신을 떠나갔고, 심지어 종들도 욥의 말을 듣지 않으며 어린 아이들도 자신을 업신여기며 조롱한다고 한탄하면서 한 말이다. 이러한 한탄의 말은 욥이 모든 것을 잃고 난 이후에 욥을 대하는 주변 사람들의 태도를 말하는 것이다. 만일 욥의 아내가 떠났다면 이런 표현보다는 형제들조차 떠나갔듯 아내도 떠나갔다고 말했을 것이다.

욥의 이 말은 예전처럼 아내가 자신이 가까이 다가가는 것을 싫어한다는 의미이다. 욥의 아내가 떠났다면 숨결을 느낄 정도로 가까이 다가갈 수도 없었을 것이다.

만일 내 마음이 여인에게 유혹되어 이웃의 문을 엿보아 문에서 숨어 기다렸다면 내 아내가 타인의 맷돌을 돌리며 타인과 더불어 동침하기를 바라노라 |욥기 31:9-10

이 구절은 재판장인 하나님의 판결을 앞두고 욥이 마지막 호소를 하는 대목에 나온다. 법정의 최후 진술과 같은 부분이다.

"내가 내 눈과 약속하였나니 어찌 처녀에게 주목하랴(욥기 31:1)"
고 말하면서 자신은 마음으로도 음란의 죄를 짓지 않았다고 진술
하였다. 이어 이웃 여인과 간음하겠다는 마음조차 갖지 않았다면
서 스스로 경건하고 거룩한 삶을 살아왔다고 주장한다. 그러면서
만일 그런 마음의 죄를 지었다면 자신의 아내가 다른 이의 종이
되거나 타인과 동침해도 좋다고 주장했다.

하나님 앞에서 최후 변론을 하면서 떠나간 아내를 거론하는 것
은 허위 진술이 될 수 있다. 더욱이 욥의 평소 성품을 볼 때, 이러
한 허위 진술을 하나님 앞에서 할 수 있을 것이라고는 볼 수 없다.
그렇기에 욥의 아내가 욥을 떠나지 않았음을 알 수 있다.

욥이 진정한 회개를 하고 하나님은 욥에게 그가 잃었던 재산을
곱절로 회복하여 준다. 그리고 목숨을 잃었던 자녀 10명의 숫자와
같은 새로운 자녀를 준다. 이 자녀들은 욥에게 가장 큰 회복의 선
물이다. "아들 일곱과 딸 셋을 두었으며(욥기 42:13)"로 표현하는데
히브리어로 '두었다'는 הָיָה(hayah)로서 '생기다'를 의미한다. 이 자
녀들이 생기는 과정은 욥과 욥의 아내를 통한 자녀의 출산이라고
볼 수 있다. 그렇기 때문에 욥의 아내는 하나님이 주신 회복의 선
물에도 함께하였다고 볼 수 있다.

친구(親舊)

I

친구는 소중한 존재이다.

같은 동네에서 비슷한 시기에 태어나 함께 성장한 고향 친구, 같은 학교에서 공부한 학교 친구, 일터에서 동료로 시작하여 정을 나누는 직장 친구, 익숙하지 못한 환경인 군대에서 같이 고생하며 힘든 훈련을 이겨낸 군대 친구, 성별은 다르지만 서로 마음이 통해 많은 대화를 나누는 이성 친구, 같은 공동체에서 함께 기도하고 사역하며 친숙해진 교회 친구 등 살아가면서 우정을 나누는 많은 친구가 있다.

친구는 부모나 형제자매에게도 말하지 못하는 자기의 고민도 나눌 수 있는 관계이기도 하다. 세상을 바라보는 관점과 직업이 달라도, 가진 형편이 달라도 오랫동안 사귀며 친하기 때문에 같이 있으면 편하고 머릿속으로 복잡한 계산을 하지 않고 마음을 나눌 수 있기 때문에 친구이다.

기쁜 소식을 전하여 함께 즐거워하고, 어려운 일을 당하면 힘든 마음을 위로해주는 친구는 삶을 살아가는 데 없어서는 안 될 소중한 존재이다.

"친구 따라 강남 간다"는 속담처럼 친구는 눈빛만 봐도 서로의 마음을 알 수 있기 때문에 삶의 선택을 함께하기도 한다. "친구야!"라고 부르면 "그래! 친구야!"라고 화답하는 관계가 있기 때문에 삶이 풍요롭게 되는 관계이다. 친구는 허물을 들춰내지 않고 이해하고 참아주는 노력이 필요하다. 부족한 것을 비판하기보다는 진한 우정으로 충고하고 함께 해법을 찾는 것이 진정한 친구이다.

"친구는 친구의 결점을 견뎌야 한다." A friend should bear his friend's infirmities.는 윌리엄 셰익스피어의 말과 "친구에게 바라는 것을 친구에게 베풀어야 한다." We should behave to our friends as we would wish them to behave to us.는 아리스토텔레스의 말은 우정의 진리와 같은 명언이다.

II

하나님이 욥을 가리켜 "온전하고 정직하여 하나님을 경외하며 악에서 떠난 자가 세상에 없다(욥기 1:8)"고 극찬하였지만 모든 자녀와 재산은 물론 건강마저 잃었다. 그 재앙의 소식을 전해 들은 그의 친구들이 멀리서 찾아온다.

엘리바스, 빌닷, 소발이 욥의 친구들이다. 세 명의 친구들이 각자 사는 지역이 달랐지만 서로 연락하여 욥이 사는 우스 지방에 도착하였다. 하지만 그 친구들은 곧바로 욥을 만나 위로를 전하지 못했다. 온몸에 종기가 났고, 모든 자녀와 전 재산을 잃은 욥의 모습은 친구들조차 알아보기 힘들 정도였기 때문이었다.

욥의 병명은 성경에 명확히 나타나지 않지만 성경학자들은 나병으로 추정하고 있다. 나병에 걸린 욥은 율법에 따라 자신의 집을 떠나야 했고, 마을 밖의 잿더미에 앉아 질그릇 조각으로 자신의 가려운 피부를 긁고 있었던 것이다.

이렇게 처참한 모습을 본 친구들은 소리를 지르며 통곡하고 입고 있던 겉옷을 찢고 하늘을 향하여 티끌을 뿌리며 슬퍼했다. 참기 어려운 슬픔 속에서 밤낮으로 7일 동안 욥과 함께 땅바닥에 앉아 있었다. 하지만 욥이 당하고 있는 고통을 가까이에서 보면서 욥에게 아무 말도 건네지 못했다. 세 친구가 할 말을 잃을 정도로 초췌하게 변한 욥의 모습을 보면서 큰 충격을 받았음을 알 수 있다.

욥의 많은 자녀들은 우애가 깊게 잘 성장했고, 동방에서 가장 훌륭한 사람으로 칭송을 받았으며, 엄청난 재산을 갖고 있던 친구 욥이 모든 것을 잃고 병까지 들어 마을 밖의 잿더미에 앉아 있는 모습을 보고 무슨 말을 할 수 있었을까? 그 고통 속에 있는 친구 곁에 7일 밤낮으로 땅바닥에 앉아 아무 말 없이 함께 있는 것만으로도 욥에게 위로가 되었을 것이다. 멀리서 찾아온 친구들은 욥이 처한 상황과 모습을 보면서 친구로서 그 고통을 말없이 나누고 있었을 것이다. 욥의 친구들과 같이 외롭게 고통을 당할 때 찾아와 말없이 곁에 있어 주는 것이 진정한 친구라고 할 수 있다.

7일간의 긴 침묵을 깬 사람은 욥이었다.

망연자실한 표정으로 바라보고 있던 세 친구를 향해 긴 탄식의 말을 시작한다. 친구이기 때문에 자신이 당한 고통을 다 말하고 싶은 심정이었을 것이다. 욥은 자신의 처지를 괴로워하며 말을 시작한다. 그 말의 핵심은 자신이 태어나지 않았으면 이런 감당하기 힘든 고통을 당하지 않았을 것이라며 절규한 것이다.

말로 표현할 수 없는 고통을 당한 욥은 자신이 모든 것을 잃게 된 이유를 추정하여 말하지 않았다. 또 그런 상황에 이르게 된 것에 대해서 하나님은 물론 누구를 지목하여 원망하지도 않았다.

그러나 욥이 "어찌하여 고난 당하는 자에게 빛을 주셨으며 마음이 아픈 자에게 생명을 주셨는고(욥기 3:20)"라는 탄식을 한 것이 친구들과 길고 긴 논쟁의 원인을 제공한다.

'어찌하여'라는 말은 히브리어로 מָה(maw)로서 '왜?'why, 또는 '무엇 때문에'what라는 뜻이다. 욥의 이 말을 요약하면 '무엇 때문에 나를 이 땅에 태어나게 했느냐?'라는 뜻으로 하나님을 직접 지목하지는 않았지만 하나님에 대한 원망이 바탕에 담긴 말이다. 이 말을 들은 세 친구들은 하나님을 원망하는 욥을 반박하고, 하나님을 옹호해야겠다는 생각이 들었던 것이다.

그리하여 욥과 세 친구간에 긴 논쟁이 시작된다.

논쟁이 시작됨으로써 욥을 찾아온 처음의 마음은 물론 함께 땅에 앉아 아무 말 없이 고통을 온 마음과 몸으로 서로 나누었던 위로의 시간은 끝났다. 세 친구는 자신이 갖고 있는 하나님에 대한 믿음과 살아온 경험 그리고 자신이 받은 계시의 증거 등을 바탕으로 욥을 정죄한다. 물론 악의적인 정죄가 아니라 엄청난 불행을 당한 이유가 욥이 하나님에게 죄를 지었기 때문이라는 전제에서 욥을 다시 바른 길로 이끌기 위한 마음이었다.

욥의 불행이 하나님에게 죄를 지은 탓이 아니라는 사실을 친구들은 알지 못했고 오로지 그런 불행의 이유는 불행을 당한 자가 지은 죄 때문이라는 그들의 믿음에 따라 판단한 것이다. 사실관계를 알지 못하는 상태에서 나타난 결과만으로 정죄하는 경우가 우리가 살아가는 세상에서도 흔히 있다.

또한 진정한 위로 보다는 그 위로의 과정에서 상대에게 큰 상처를 주는 경우도 있다. 이를테면 교통사고를 당해 피를 흘리는 친구에게 필요한 위로는 흐르는 피를 닦아주고 놀란 마음을 달래주는 것이다. 그 친구 앞에서 네가 운전을 잘못하여 사고가 난 것이 아니냐며 의문을 제기하거나 아는 경찰관에게 부탁하여 잘 처리되게 해주겠다는 호언장담은 친구에게 위로가 되지 못한다.

욥의 세 친구들은 바로 그런 실수를 한 것이다.

III

친구는 사랑이 끊어지지 아니하고[*], 어떤 친구는 형제보다 친밀하며[**], 친구의 아픈 책망은 충직으로 말미암는 것[***]이라는 말씀과 같이 진정한 친구는 인생을 살아가면서 없어서는 안 될 소중한 동반자이다.

잠언에서 말하는 친구는 히브리어로 עֵרֶה(rea)로서 친구 이외에 동료, 이웃, 동반자라는 의미가 포함되어 있다.

성경에는 친구라는 단어가 많은 곳에서 등장한다.

그 가운데 "우리 친구 나사로가 잠들었도다 그러나 내가 깨우러 가노라(요한복음 11:11)"라는 구절을 보면 예수님은 나사로를 단순한 지인이 아니라 친구로 여겼으며, 나사로가 제자들의 친구라는 점도 분명히 말하고 있다.

예수는 제자들을 자신의 친구라고 자주 표현했으며, 예수의 친구가 되는 길도 명쾌하게 말씀했다.

12. 내 계명은 곧 내가 너희를 사랑한 것 같이 너희도 서로 사랑하라 하는 이것이니라

13. 사람이 친구를 위하여 자기 목숨을 버리면 이보다 더 큰 사랑이 없나니

---

14. 너희는 내가 명하는 대로 행하면 곧 나의 친구라

15. 이제부터는 너희를 종이라 하지 아니하리니 종은 주인이 하는 것을 알지 못함이라 너희를 친구라 하였노니 내가 내 아버지께 들은 것을 다 너희에게 알게 하였음이라 | 요한복음 15:12-15

친구는 헬라어로 φίλος(philos)인데 '사랑이 담긴 친구'라는 의미이다. 예수가 제자들에게 사랑의 계명을 가르친 이 말에는 제자들은 그리스도 예수의 친구가 자신들에게 무엇인지, 예수가 그들에게 무엇인지, 그리고 제자들이 서로에게 무엇이어야 하는지에 대한 구체적인 설명이다.

예수는 제자들과 주종관계가 아닌 사랑이 담긴 친구 사이이며, 제자들간에도 그런 친구가 되기를 권하고 있다. 이 가운데 친구를 위하여 자기 목숨을 버리면 이보다 더 큰 사랑이 없다는 말은 우리를 죄에서 벗어나도록 십자가의 죽음을 택한 예수의 사랑이 담긴 표현이기도 하다.

사랑에 근거한 친구와는 전혀 다른 친구 관계가 있다.

헤롯과 빌라도가 전에는 원수였으나 당일에 서로 친구가 되니라
| 누가복음 23:12

유대 지방을 다스리는 막강한 권력을 가진 총독 빌라도와 베들

레헴에서 태어난 예수를 죽이기 위해 그 지역의 두 살 아래 영아의 학살을 지시한 헤롯 대왕의 아들인 분봉왕 헤롯은 정치적인 입장이 서로 달랐기 때문에 원수처럼 지냈다.

원수는 헬라어로 ἔχθρα(echthra)로서 '적대, 증오, 적개심, 적' 등의 의미가 있다. 그런 관계에 있던 두 사람이 예수가 체포된 이후에 처벌의 책임을 서로 전가하면서도 예수와 예수의 주장을 멸시하는 일에 의견을 같이한 것이다. 두 사람 사이의 친구 관계는 예수가 말한 사랑을 바탕으로 한 친구가 아니라 서로의 정치적 목적을 위한 전략적 결탁에 불과했다.

IV

'나의 영원하신 기업'이라는 널리 알려진 찬송이 있다.

"나의 영원하신 기업, 생명보다 귀하다"로 시작하는데 원작인 영어 가사는 "Thou, my everlasting portion, more than friend or life to me"이다. 우리말 찬송은 '생명보다 귀하다'고 번역되었지만 원작은 '친구나 생명보다 귀하다'고 표현하고 있다. 즉, 생명과 친구는 거의 대등할 정도로 귀한 가치를 갖고 있다는 가사이다.

오늘날 우리나라에서 부르는 찬송 가운데 20여 곡을 넘게 작사한 크로스비Fanny J. Crosby 여사가 이 찬송에서 이런 표현을 한 이유를 생각해 보았다. 친구는 생명과 같이 소중한 존재라는 의미가 담겨 있다는 생각이다.

예수는 예수가 명하는 대로 행하면 자신의 친구가 된다고 말씀했다. 예수는 십자가에 못 박히며 자신의 생명을 친구인 우리들을 위해 버리셨다. 그리하여 우리가 구원을 받은 것이다.

예수는 생명처럼 소중한 친구인 우리 모두를 구하기 위해 십자가의 죽음을 택하였고 그를 통해 진정한 생명인 영생을 얻은 우리는 예수의 말씀처럼 예수가 명하는 대로 행하는 삶을 살아가도록 노력해야 한다.

사랑의 마음으로 친구를 대하고, 목숨까지도 내어줄 마음으로 우정을 나눈다면 우리의 삶은 친구로 인하여 더욱 행복하게 될 수 있다. 빌라도와 헤롯의 전략적인 제휴를 위한 친구 관계는 오래 유지될 수도 없고 다시 원수가 될 가능성이 높은 부정한 결탁이라는 점도 기억해야 한다.

크로스비(Fanny Jane Crosby) 여사의 삶과 찬송

크로스비 여사는 시인이며, 작사 작곡가이다.

최소 8,440여 곡의 찬송과 복음성가를 작사했고, 오늘날 우리 나라에서 부르는 찬송 26곡을 작사하였다. 새찬송가(통일찬송가 포함)를 기준으로 작사자로서 가장 많은 찬송이 등재되어 있다.

그녀는 미국 뉴욕 인근에서 태어난 지 6주 만에 안과 의사의 치료 실수로 인해 시력을 잃고 평생을 시각장애인으로 살았다. 어린 시절부터 성경을 통째로 암송하였지만 30세가 되었을 때 브로드웨이의 부흥 집회에 참석하여 성령의 세례를 체험한다.

그 후, 찬송가를 작사하기 시작하여 오늘날 우리가 은혜롭게 부르는 찬송의 가사를 만들게 된다.

그녀의 묘비에는 찬송 "예수를 나의 구주 삼고"(Blessed Assurance)가 적혀 있다.

1. 나의 갈 길 다 가도록(통 434장) 384 All the Way My Savior Leads Me

2. 저 죽어가는 자 다 구원하고(통 275장) 498 Rescue the Perishing

3. 예수를 나의 구주 삼고(통 204장) 288 Blessed Assurance

4. 후일에 생명 그칠 때(통 295장) 608 Saved by Grace

5. 주의 음성을 내가 들으니(통 219장) 540 I am thine, O Lord, I have heart Thy voice

6. 예수께로 가면(통 300장) 565 If I Go to Jesus

7. 인애하신 구세주여(통 337장) 279 Pass Me Not, O Gentle Savior

8. 자비한 주께서 부르시네(통 321장) 531 Calling Today

9. 나의 영원하신 기업(통 492장) 435 Close to Thee

10. 주께로 한 걸음씩(통 323장) 532 One step to the Lord

11. 예수 나를 위하여(통 144장) 144 Near the Cross

12. 주 예수 넓은 품에(통 476장) 417 Heart's Refuge

13. 오 놀라운 구세주(통 446장) 391 A wonderful Savior Jesus my Lord

14. 기도하는 이 시간(통 480장) 361 This time of prayer

15. 나의 생명 되신 주(통 424장) 380 Saviour, More Than Life to Me

16. 십자가로 가까이(통 496장) 439 Near the Cross

17. 주가 맡긴 모든 역사(통 231장) 240 I shall know him

18. 주와 같이 되기를(통 508장) 454 More like Jesus would I be

19. 찬양하라 복되신 구세주 예수(통 46장) 31 Praise Him! Praise Him!

20. 언제 주님 다시 오실는지(통 163장) Will Jesus Find Us Watching

21. 찬송으로 보답할 수 없는(통 43장) 40 Glory to God Hallelujah

22. 군기를 손에 높이 들고(통 385장) Victory through Grace

23. 너희 죄 흉악하나(통 187장) 255 Though Your Sins Be as Scarlet

24. 주의 십자가 있는 데(통 501장) Nearer the Cross

25. 주 어느 때 다시 오실는지(통 163) 176 Will Jesus find us Watching

26. 그 큰일을 행하신 615 To God be the Glory

친척(親戚)

Ⅰ

친척親戚은 혈연과 혼인을 통해 맺어진 사람과 집단을 말한다. 나를 중심으로 아버지의 혈통을 내척內戚, 어머니의 혈통을 외척外戚 그리고 혼인을 통해 맺어진 배우자의 혈통을 인척姻戚이라고 한다. 내척, 외척, 인척을 포괄하는 것이 친척이다. 촌수가 가까운 친척을 친족親族이라고 한다. 우리 민법에 의하면 8촌 이내의 혈족, 4촌 이내의 인척, 배우자가 친족이다.

성경에서도 친척과 친족을 구분하여 사용하고 있다.

아브람이 롯에게 이르되 우리는 한 친족이라 나나 너나 내 목자나 네 목자나 서로 다투게 하지 말자 |창세기 13:8

롯은 아브람의 조카(창세기 12:5)이다

요셉이 사람을 보내어 그의 아버지 야곱과 온 친족 일흔다섯 사람을 청하였더니 |사도행전 7:14

친척은 친족의 범위가 확대된 관계로서 혈연과 혼인으로 맺어진 가까운 관계이다. 특히 과거 씨족공동체 사회에서는 친척은 집안의 크고 작은 기쁘고 슬픈 일을 함께하며, 서로 돕고 생활하는 끈끈한 유대를 갖고 있었다. 그만큼 소중한 관계이다.

II

모든 자녀와 재산 그리고 건강을 잃고 좌절한 욥이 친구들에게 한탄하며 말한다.

내 친척은 나를 버렸으며 가까운 친지들은 나를 잊었구나 |욥기 19:14

욥의 친척들은 자신의 처지가 어렵게 되자 관계를 끊었다고 말한다. 개역개정 성경에서는 '버렸으며'로 번역하고 있는데 이는 히브리어로는 לָדַח(chadal)로서 '중단하다, 그치다, 그만두다, 멀리하다'라는 의미가 있다. 욥의 성품으로 볼 때, 자신의 친척들 가운데 어려운 사람들이 있으면 도움을 주고 아픔을 조금이나마 덜 수 있는 사랑을 베풀었을 것이다. 또한 친척의 크고 작은 일에 함께하며 혈육의 정을 나누었을 것이다. 그러한 관계가 유지되어 왔음에도 불구하고 처지가 어렵게 되자 자신을 버렸다고 한탄하였다.

아마도 이는 자신의 힘든 처지에서 느끼는 소외감 때문에 감정적 편견으로 이런 말을 한 것이 아니라 실제로 그의 친척들은 욥을 외면했을 것이다. 도움을 서로 주고받았을 가까운 친척들마저 욥이 어려운 상황에 처하자 관계를 끊음으로써 욥의 마음이 더욱 힘들었다고 생각된다. 그의 친척들은 욥이 순식간에 모든 것을 잃은 것은 하나님이 벌을 내린 탓이라고 생각했을 것이고, 하나님에게 벌을 받은 사람의 곁에 있으면 자신도 그런 피해를 당할 수 있을지도 모른다는 염려도 했을 것이다.

우리의 삶에서도 이런 경우가 있다.

자신의 주변에 알고 지내온 사람들에게 말하기 힘든 상황이 되었을 때, 그래도 혈육이니까 어려운 처지를 말하여 문제를 해결해 보려는 생각이 들 수 있다. 그러나 어렵게 부탁했음에도 불구하고 도움 주기를 거절한다면 마음의 상처는 더 클 것이다. 심지어 어렵게 된 상황에 도와주지는 못할망정 아예 관계를 끊는 친척이 있다면 좌절감과 배신감으로 인한 분노가 더욱 커질 것이다.

더 나아가 이렇게 곤경에 처하게 된 사람을 가까이하면 자기 자신도 어렵게 될지도 모른다는 생각을 하여 관계를 완전히 끊고 외면한다면 어려움을 이겨낸 후에 관계의 회복은 어려워질 것이다.

III

예수는 친척들에게 욥보다 더 심한 대우를 받았다.

예수가 나병과 중풍 환자를 비롯하여 많은 병자들을 치유하고 말씀을 전하자 무리들이 예수 앞으로 모여들기 시작했다. 특히 사랑의 마음으로 안식일에도 환자들에게 치유의 기적을 베풀게 되자 모세의 율법을 어겼다는 명분으로 바리새인들이 예수를 죽일 생각을 하게 된다. 또 예수가 유대인의 왕으로 태어났다는 말을 듣고 아기 예수를 죽이고자 했던 헤롯왕의 아들인 헤롯 안티파스왕 헤롯왕 2세은 유대 지방의 안정과 질서를 유지하겠다는 명분으로 바리새인들과 마찬가지로 예수를 죽이겠다는 공동의 목표를 갖게 된다.

바리새인들이 나가서 곧 헤롯당과 함께 어떻게 하여 예수를 죽일까 의논하니라 | 마가복음 3:6

이러한 상황 속에서도 많은 사람들이 치유를 바라며 예수가 머무는 집에까지 밀려오자 예수는 식사할 겨를도 없이 바쁘게 병자들을 고쳤다. 하지만 이 소식을 들은 예수의 친족들은 예수가 귀신이 들려 그런 행동을 하는 것으로 단정하고 미쳤다면서 붙들러 왔다.

예수의 친족들이 듣고 그를 붙들러 나오니 이는 그가 미쳤다 함일러라 | 마가복음 3:21

예수의 친족들이 예수가 미쳤다고 판단한 이유는 유대 사회에서 존경을 받는 것은 물론 공회의 권력층에 속한 서기관들의 영향이 컸을 것이다. 이들이 예수의 치유 사역에 대해 "귀신의 왕의 힘을 빌려 귀신을 쫓아내는 것(마가복음 3:22)"이며, "더러운 귀신이 들렸다고 말을 한 것(마가복음 3:30)"에 영향을 받은 친족들이 이런 행동을 하였을 것이다. 예수의 친족들은 그 사회의 권력을 가진 지도층인 서기관들이 귀신 들린 사람으로 규정하자 그 사회에서 외면당하지 않고 살아가야 한다는 생각도 컸을 것이다. 다음으로 자신들의 친족인 예수가 미쳤다는 사회적인 평가가 곧 집안 망신이라는 생각도 작용했다고 본다.

가장 중요한 이유는 예수가 이 땅에 오신 이유를 그 친족들은 몰랐다는 사실이다. 제자들과 함께 고향에 와서 안식일을 맞아 회당에서 가르칠 때, 그 말씀을 들은 사람들이 그 말씀의 내용 때문에 놀라면서 어디서 이런 것을 얻었냐고 감탄하였고, 지혜와 치유의 권능을 보고도 놀랐다. 그러면서도 자신들이 표면적으로 알고 있는 예수의 평범했던 성장 과정만 기억하며 배척하였다. (마가복음 6:1-3)

친족들도 실제 자신들이 눈으로 확인하는 놀라운 말씀과 지혜와 권능보다는 자신들이 지난날부터 알고 있는 평범한 목수를 먼저 떠올렸기 때문에 예수의 진짜 모습을 제대로 인식하지 못한 것이다.

이러한 상황을 놓고 예수는 말한다.

예수께서 그들에게 이르시되 선지자가 자기 고향과 자기 친척과 자기 집 외에서는 존경을 받지 못함이 없느니라 하시며 |마가복음 6:4

선지자는 모든 곳에서 존경을 받지만 자기 고향, 자기 친척과 자기 집에서는 존경을 받지 못한다는 뜻이다. 예수의 이 말씀은 단순히 가까운 가족과 친척이 자신을 존경하지 않아 섭섭하다는 차원이 아니라 우리의 본성과 속마음을 돌이키게 하는 말씀이다.

IV

사람은 누구나 자신의 판단 기준이 있다.

그 기준은 각자의 가정 교육과 환경, 성장 과정의 경험을 통한 학습 효과, 학교와 사회 교육, 종교 등의 영향을 받아 형성된 가치관이 기반이다. 자신의 눈앞에 닥친 상황에서 합리적인 판단을 하고 행동하는 사람이 있는 반면에 자신의 기준만을 고집하는 사람도 있다. 자신의 판단 기준보다는 주변 사람들의 대세를 눈치 보며 따라가는 사람도 있는데 이는 그 사회에서 자신이 외톨이가 될 수 있다는 공포심에서 비롯된 것이다.

욥의 친척이나 예수님의 친족들은 자신의 판단보다는 주변의 시선을 더 두려워하며 행동했다. 또 자신의 제한된 경험에 집착하여 눈으로 확인한 실제를 외면하였다.

우리가 살아가면서 올바른 판단 기준을 갖고 행동하기 위해서는 열린 눈으로 세상을 바라보고, 이전의 자기 경험에 집착하기보다는 다양한 가능성을 염두에 두고 사랑의 마음으로 판단하는 자세가 필요하다.

콧물을 흘리고 공부도 못했던 어린 시절의 고향 친구를 성인이 되어 오랜만에 만났을 때, 그 친구의 오늘을 제대로 바라보지 않고 어린 날에 대해 자신이 갖고 있던 기억과 관점에 매달려 친구를 대한다면 진정한 친구 관계를 형성할 수 없는 것과 마찬가지이다.

배려(配慮)

I

다른 사람을 존중하고 아끼는 마음가짐이 배려이다.

한자어로 배려의 뜻은 가까운 짝을 생각하는 마음이다. 이런 뜻에서 배려는 상대방을 따뜻하게 살펴주는 마음이 바탕에 있는 것이다. 그리고 마음에 한정되는 것이 아니라 실제 행동을 통해 상대방에게 그 따뜻함을 전하는 것이 진정한 배려이다.

15. 만일 형제나 자매가 헐벗고 일용할 양식이 없는데
16. 너희 중에 누구든지 그에게 이르되 평안히 가라, 더웁게 하라, 배부르게 하라 하며 그 몸에 쓸 것을 주지 아니하면 무슨 이익이 있으리요
17. 이와 같이 행함이 없는 믿음은 그 자체가 죽은 것이라 |야고보서 2:15-17

물론 어려움에 처한 상대방에게 따뜻한 말 한마디는 위로가 될 수 있다. 하지만 배고픈 사람이 찾아 왔을 때에 자신은 진수성찬으로 식사를 하면서 함께 식사하자는 권유 대신에 근황을 묻고 격려의 말만 하는 것과 같다는 지적이다. 절실한 사람에게 실질적인 도움을 주지 않는다면 그에게는 아무런 이익이 없기 때문에 사랑

의 믿음이 있으면 그 사랑을 행해야 한다는 가르침이다.

다른 형태의 배려는 양보이다. 갈등과 충돌을 막기 위해 상대방에게 선택의 우선권을 양보하는 것은 큰 배려이다.

> 8. 아브람이 롯에게 이르되 우리는 한 친족이라 나나 너나 내 목자나 네 목자나 서로 다투게 하지 말자
> 9. 네 앞에 온 땅이 있지 아니하냐 나를 떠나가라 네가 좌하면 나는 우하고 네가 우하면 나는 좌하리라 | 창세기 13:8-9

아브람은 대범하게 그의 조카 롯에게 가축을 키울 우물과 목초지를 먼저 선택하라고 양보한다. 조카 롯은 당연히 그가 원하는 땅을 선택하였지만 하나님은 양보하는 배려를 택한 아브람에게 더 큰 은혜를 주었다.

II

욥과 그의 세 친구 사이에 길고 격렬한 논쟁이 진행되는 동안에 그들보다 나이가 어린 한 사람이 경청하기만 했다. 그는 엘리후이다. 엘리후는 욥과 세 친구의 논쟁을 불만스럽게 지켜봤지만 그들의 논쟁이 진행되는 과정에서는 한마디도 하지 않았다. 그것은 연장자들에 대한 배려인 동시에 논쟁의 당사자가 아니라는 자신의 판단에서 비롯된 것이다.

그러나 욥과 세 친구의 대화와 논쟁에서 욥이 스스로 의인으로 여기자 친구들이 말을 그친다. 이때 그간 조용히 논쟁을 지켜보던 엘리후가 화를 내면서 자신의 말을 하기 시작한다.

2. 람 종족 부스 사람 바라겔의 아들 엘리후가 화를 내니 그가 욥에게 화를 냄은 욥이 하나님보다 자기가 의롭다 함이요
3. 또 세 친구에게 화를 냄은 그들이 능히 대답하지 못하면서도 욥을 정죄함이라
4. 엘리후는 그들의 나이가 자기보다 여러 해 위이므로 욥에게 말하기를 참고 있다가
5. 세 사람의 입에 대답이 없음을 보고 화를 내니라 | 욥기 32:2-5

엘리후는 긴 토론 과정을 침묵으로 지켜보다가 욥과 세 친구들이 하나님에 대해 올바르게 알지 못하면서 자신들의 생각만 내세우는 것에 화를 내게 된다. 긴 침묵은 욥을 비롯한 연장자 네 명에 대한 배려였지만 진리를 왜곡하는 문제에 대해서는 단호했다. 배려는 단순하게 상대방이 불편하지 않은 마음을 갖게 하는데 그치는 것이 아니라 올바르지 않은 것을 지적하여 바로 잡는 것도 포함된다고 보아야 한다.

13. 하나님께서 사람의 말에 대답하지 않으신다 하여 어찌 하나님과 논쟁하겠느냐
14. 하나님은 한 번 말씀하시고 다시 말씀하시되 사람은 관심이

엘리후는 욥과 세 친구들에게 처음에는 화를 내면서 하나님의 진리에 대해 말을 시작했다. 하나님이 거듭 사람들에게 말씀하여도 사람들이 이에 관심이 없다는 점을 논리적으로 설명하였다. 이러한 설명을 통해 듣는 이의 이해를 돕고 진리의 길을 따라가도록 하는 것도 성숙한 배려이다.

III

서기관과 바리새인들은 틈만 있으면 예수를 죽이기 위해 끊임없는 시도를 했다. 그 사건 가운데 하나가 음행 중에 잡혀 온 여인을 예수 앞에 끌고 와서 모세의 율법에 따라 간음한 여인을 돌로 치라고 했는데 예수에게 이 여인을 어떻게 할 것인지를 묻는다. 서기관과 바리새인들은 예수가 율법대로 여인을 처리할 것인지를 놓고 예수를 시험하기 위한 목적이었다.

누구든지 남의 아내와 간음하는 자 곧 그의 이웃의 아내와 간음하는 자는 그 간부와 음부를 반드시 죽일지니라 │레위기 20:10

어떤 남자가 유부녀와 동침한 것이 드러나거든 그 동침한 남자와 그 여자를 둘 다 죽여 이스라엘 중에 악을 제할지니라 │신명기 22:22

순결에 관한 율법에 따르면 간음한 남녀를 모두 죽이도록 되어 있지만 처벌 방식은 제시되어 있지 않다.

23. 처녀인 여자가 남자와 약혼한 후에 어떤 남자가 그를 성읍 중에서 만나 동침하면
24. 너희는 그들을 둘 다 성읍 문으로 끌어내고 그들을 돌로 쳐죽일 것이니 그 처녀는 성안에 있으면서도 소리 지르지 아니하였음이요 그 남자는 그 이웃의 아내를 욕보였음이라 너는 이같이 하여 너희 가운데에서 악을 제할지니라 |신명기 22:23-24

신명기의 율법대로 본다면 서기관과 바리새인들이 음행 중에 끌고 온 여인은 약혼한 처녀였을 가능성이 크다.

예수의 입장에서 본다면 서기관과 바리새인들의 간악한 의도대로 율법에 따라 돌로 죽이라는 선택을 한다면 그동안 사랑을 말했던 예수의 가르침과 상반되는 일이 될 것이며, 살려 두라고 한다면 공개적으로 율법을 어기는 평가를 받게 되는 난처한 상황이 된다.

이때, 예수는 몸을 굽혀 손가락으로 땅에 무엇인가를 쓴 뒤에 이렇게 말하였다.

너희 중에 죄 없는 자가 먼저 돌로 치라 |요한복음 8:7

그리고 다시 몸을 굽혀 손가락으로 바닥에 무엇인가를 썼다.

성경에 예수가 하신 말씀은 기록되어 있지만 예수가 직접 무엇

을 썼다는 표현은 이곳이 유일하다. 하지만 말이 아닌 글을 썼음에도 성경에는 그 내용이 기록되어 있지 않다. 이에 대해 이해영 목사(서울 성민교회)는 무엇을 썼는지 내용보다 그 행동이 무엇을 의미하는지에 대해 관심을 가져야 한다고 설교했다.

> 무릇 여호와를 떠나는 자는 흙에 기록이 되오리니 이는 생수의 근원이신 여호와를 버림이니이다 | 에레미야서 17:13

이 목사는 간음은 큰 범죄이지만 하나님을 시험에 빠지게 한 것이 더 치명적인 범죄라고 보았다.

예수의 이러한 행동이 있자 돌을 들고 모였던 어른부터 젊은이까지 모두 양심의 가책을 받고 그 자리를 모두 떠났다. 예수와 간음한 여인만이 소란스러웠던 현장에 남았다. 서기관과 바리새인들에게 간음하는 현장에서 잡혀 온 여인은 수많은 군중 앞에서 형언할 수 없는 수치심에 빠져 있었을 것이다. 그리고 죽음에 대한 공포심도 극심했을 것이다.

예수는 군중들 앞에서 그 여인에게 한마디도 하지 않았다. 그리고 돌을 들고 죽이려는 군중들이 예수의 말씀에 스스로 양심의 가책을 받고 모였던 자리에서 모두 떠난 후에 예수는 군중들이 모두 떠났다고 여인에게 알려 주었다.

11. 예수께서 이르시되 나도 너를 정죄하지 아니하노니 가서 다시

는 죄를 범하지 말라 하시니라

12. 예수께서 또 말씀하여 이르시되 나는 세상의 빛이니 나를 따르는 자는 어둠에 다니지 아니하고 생명의 빛을 얻으리라 |요한복음 8:11-12

예수는 여인에게 조용하고 부드러운 음성으로 말했을 것이다.

'정죄'는 헬라어로 κατακρίνω(katakrino)로서 '형벌을 받을 만한 재판'이라는 의미이며, 여기에서 언급된 '죄'는 헬라어로 άμαρτάνω(hamartano)로서 '하나님에 대한 죄'라는 의미로 사용된다.

이를 통해 예수는 간음한 여인에게 새로운 자유와 해방을 선언했다. 더 나아가 예수는 심판이 아닌 구원을 위해, 정죄가 아닌 은혜를 주기 위해 이 땅에 오셨음을 이 사건을 통해 확실하게 증명하였다. 이것이 죄지은 여인에 대해 예수가 베푼 큰 배려이다.

IV

"적은 밥이 남는다"는 우리 속담이 있다. 서로 양보하여 함께 따뜻한 마음을 나누는 것을 실감 나게 표현한 속담이다. 세상이 각박해지고 험한 사건이 많이 발생하는 세태에서 이러한 속담처럼 서로 양보하는 배려가 확산된다면 그야말로 사람 살만한 세상이 될 것이다.

사회적 약자를 보호하기 위한 정책을 수립하고, 현장에서 지원이 제대로 시행되는 행정이 이루어지기 위해서는 배려의 마음에 기반을 두어야 한다. 일선 복지 행정업무를 담당하는 공무원의 세심한 관심이 있었다면 우리 모두의 마음을 아프게 했던 송파 세 모녀 자살 사건과 같은 사회적 약자의 비극을 막을 수 있었을 것이다. 배려는 비극을 막는 출발이기도 하다.

일부 기업들은 입사 시험 이후에 불합격자에게도 탈락 사실을 통지하기도 한다. 간절하게 소식을 기다리는 응시자에 대한 세심한 배려이다. 이러한 배려를 통해 기업 이미지를 좋게 유지하는 등 잠재 고객의 마음을 상하지 않게 하는 효과도 달성할 수 있다.

진정한 배려는 마음에만 머무는 것이 아니라 성경의 가르침대로 실제 행동해야 한다. 고통을 받는 사람에게 위로의 마음을 갖는 것도 필요하지만 그 고통을 조금이라도 줄여주기 위한 따뜻한 위로의 말과 도움이 절실하다는 것이다.

부부간에도 따뜻한 격려를 하는 배려의 마음을 갖고, 부모와 자녀 사이에도 사랑과 존경을 담은 대화를 자주 나누며 서로 배려하는 마음을 갖고, 이웃과도 작은 정을 나누는 배려가 일상화된다면 우리 사회는 따뜻한 공동체가 될 수 있다. 거리에서 운전할 때 상대방에게 더 양보하고, 대중이 모이는 식당, 거리, 공연장에서도 나의 행동을 조심하는 마음이 곧 상대방에 대한 배려라는 마음가짐을 모두가 갖는다면 우리 사회는 모두가 웃는 즐거운 공동체가 될 것이다.

- 언어
- 음성
- 명칭
- 소식
- 태도

제2장

공존(共存)

언어(言語)

I

언어는 생각과 느낌을 전달하거나 표현하는 말과 글이다.

언어를 통하여 자신의 의사를 전달하고 소통하며, 그를 통하여 상대방의 생각을 확인하고 이해한다. 자신의 감정과 상황을 언어로 표현함으로써 공감을 얻기도 하며, 듣는 상대방에게 상처를 주거나 갈등을 유발하기도 한다.

이성을 향한 간절한 사랑의 고백은 자신의 감정을 모두 담아 상대방에게 가장 아름다운 언어로 전달한다. 거래를 성사시키기 위한 설명은 체계적이고 필요한 사항을 종합하여 치밀하게 이루어질 것이며, 계약 상대방의 감정과 이성을 움직이기 위한 언어를 사용할 것이다. 자신의 생각을 많은 사람들에게 설득하여 자신의 목표를 이루기 위한 간절한 호소도 언어를 통해 이루어진다.

자신이 분노하거나 억울한 상황에서는 폭언을 할 수도 있으며, 격한 감정을 여과 없이 언어에 담아 거친 표현도 한다. 이런 상황에서 절제하지 못한 언어를 사용한다면 서로 감정이 상하여 물리적 충돌이 발생하고 그 탓에 법의 심판을 받기도 한다.

그만큼 언어는 사람끼리의 관계를 형성하는 중요한 수단이다.

또한 언어는 시간과 공간을 초월한다. 그렇기 때문에 성경을 통하여 우리는 하나님의 음성을 듣고, 예수의 가르침과 행적을 배우고 믿게 된다.

II

멀리서 찾아온 친구들로부터 진정한 위로를 기대했던 욥은 그의 친구 엘리바스가 두 번째 말을 통해 욥을 비난하자 마음이 상하여 이렇게 말한다.

> 이린 말은 내가 많이 들었나니 너희는 다 재난을 주는 위로자들이로구나 |욥기 16:2

욥의 세 친구들은 어려움에 처한 욥을 "위문하고 위로하려 하여 서로 약속하고(욥기 2:11)" 찾아 왔다. 하지만 세 친구는 욥의 한탄과 하소연을 듣고 난 후에 위로의 말보다는 욥을 질책하고 정죄하는 말로 각자의 말을 시작한다.

친구 가운데 처음 말을 시작한 엘리바스는 "누가 네게 말하면 네가 싫증을 내겠느냐, 누가 참고 말하지 아니하겠느냐(욥기 4:2)", 빌닷은 "네가 어느 때까지 이런 말을 하겠으며 어느 때까지 네 입의 말이 거센 바람과 같겠는가(욥기 8:2)", 소발은 "말이 많으니 어찌 대답이 없으랴 말이 많은 사람이 어찌 의롭다 함을 얻겠느냐(욥기 11:2)"고 욥을 질책한다.

세 친구는 모두 욥의 한탄하는 말을 지적하며 욥을 찾아온 위로의 마음을 언어로 표현하지 않았다. 이러한 말을 들으면서 자신의 처지와 입장을 반박하던 욥은 다시 엘리바스가 욥을 비판하자 욥은 "이런 말은 내가 많이 들었다"며 친구들을 모두 재난을 주는 위로자들이라고 반박한다. 개역개정 성경에서는 재난으로 표현했으나 히브리어는 לְמָע(amal)로서 '힘들게 하다', '괴롭히다'라는 의미로 사용된다. 따라서 "너희는 모두 다 나를 괴롭히는 위로자들이다."라고 표현하는 것이 욥의 마음을 제대로 표현하는 번역이 된다.

III

하나님이 사람을 창조한 이후 인구가 늘어나고 여러 지역으로 흩어져 살았어도 하나의 언어를 사용했다.

온 땅의 언어가 하나요 말이 하나였더라 | 창세기 11:1

사람들은 기술의 발달로 돌 대신에 벽돌을 사용할 수 있게 되고, 역청으로 진흙을 대신할 수 있게 되자 도시를 건설하고 탑을 쌓아 하늘에 닿게 하고자 하는 욕망을 갖게 되었다. 그리고 자신들의 명성을 높이고 하나님이 창조한 이 땅의 여러 곳에 흩어져 번성해야 하는 것을 거역하며 이 성읍을 중심으로 모여 살고자 하였다.

또 말하되 자, 성읍과 탑을 건설하여 그 탑 꼭대기를 하늘에 닿게
하여 우리 이름을 내고 온 지면에 흩어짐을 면하자 하였더니 |창
세기 11:4

사람의 욕망이 적나라하게 드러난 표현은 "우리 이름을 내
고"make a name for ourselves라고 볼 수 있다. 이름은 히브리어로
ש‍ֵׁם(shem)인데 이는 '명칭'이라는 의미 외에도 '유명해지는', '명성이
있는'이라는 의미도 함께 사용된다. 이 구절 중 영어 성경 NIV와
ESV에서는 "우리들 자신을 위하여"for ourselves라는 어절이 한 문
장에 두 번이나 사용되는데 이는 하나님의 뜻을 외면하고 있음을
분명히 보여주는 것이다.

여호와 하나님이 도시와 바벨탑을 쌓는 것을 직접 내려와 본 후
에 이같이 하나님에게 도전하는 사람들의 욕망은 한 족속이며 언
어도 하나이기 때문이라고 판단하였다. 따라서 언어를 혼잡하게
하여 서로 소통하지 못하게 하는 동시에 온 지면으로 흩어져 살게
하였던 것이다. 성읍과 바벨탑 건설이 하나님에게 가까이 다가가기
위함이 아니라 '우리들 자신을 위하여'라는 욕망 때문에 이 같은
조치를 한 것이다.

바벨탑 사건으로 언어가 분화되었으나 예수가 승천한 후 10일이
지난 오순절이 되어 마가의 다락방에 천하 각국에서 모인 '경건한
유대인'들은 성령의 충만함을 받게 되었다.

이들의 출신지는 바대Parthia, 메대Media, 엘람Elam, 메소보다미아Mesopotamia, 유대Judea, 갑바도기아Cappadocia, 본도Pontus, 아시아Asia, 브루기아Phrygia, 밤빌리아Pamphylia, 애굽Egypt, 리비야Libya, 로마Rome, 그레데Crete, 아라비아Arabia 등 여러 지역 사람들이었다.

살아온 곳이 서로 다르므로 이들은 서로 다른 언어를 사용했다. 하지만 놀랍게도 하나님의 큰일을 말하는 것을 서로 알아듣게 되었고, 모두 놀라게 되었다.

우리가 다 우리의 각 언어로 하나님의 큰일을 말함을 듣는도다 하고 | 사도행전 2:11

바벨탑 사건 이후에 서로 다른 언어를 사용해 온 각 지역의 유대인들이 성령의 충만함으로 하나의 언어를 사용하는 것과 같이 서로의 언어를 알아듣게 된 것이다.

IV

언어는 소통의 수단이다.

하지만 최근에는 같은 언어를 사용하면서도 세대간에 알아듣지 못하기도 한다. 초등학생끼리 대화하는 것을 옆에서 듣는 기성세대는 그들이 무슨 대화를 하는지를 알지 못하는 경우가 있다. 또 특수 집단 내에서는 그 구성원 사이에서 의사소통의 효율성과 정확성을 위해 집단 내에서만 익숙한 언어를 사용하기도 한다.

한 예를 들어보자.

"금번 무기체계 획득사업은 군이 설정한 ROC를 기준으로 획득방식을 FMS, DCS, FMS-DCS 가운데 가용 예산을 고려하여 방추위가 판단할 것이다."

군의 전력증강사업 분야에 대한 경험과 지식이 없는 일반인들은 이 의미를 이해하기 어려울 것이다.

법률가들이 재판에서 사용하는 언어는 더욱 이해하기 어려운 내용이 많다.

예를 들어보겠다.

"신청인은 해당 처분에 대하여 법률상 이익이 없어 원고적격이 인정되지 않는다."

말은 매우 일반적으로 보이는데 의미 파악은 되지 않는다.

이 문장은 쉽게 말하면 "그 문제에 대해 소송을 제기할 자격이 없는 사람이라서 재판 자체를 할 수 없다"는 뜻이다.

교회에서 사용하는 언어 가운데 일반인들과 소통을 어렵게 하는 사례가 많다. 일반인들에게 생소한 단어인 긍휼矜恤, 패역悖逆, 외식外飾, 흠향歆饗, 권찰勸察, 심방尋訪, 소천召天, 궁창穹蒼, 권면勸勉, 증경曾経, 봉독奉読, 중보中保 등등 일일이 열거하기 어려울 정도로 많이 사용한다. 이 가운데 '증경'은 국어사전에도 없는 단어이며, 중보는 사전적 의미와 다르게 교회에서 사용되고 있다.

교회용어 사전을 찾아보지 않고 이런 단어를 이해할 수 있는 일반인들은 거의 없을 것이다. 심지어 교회 안에서 그 단어를 사용하는 사람에게 의미를 물었을 때, 정확하게 설명하지 못하는 경우도 있다. 교역자나 오랫동안 믿음 생활을 한 성도들은 이 같은 단어가 생활화되어 일반 사회인들이 들을 때, 매우 생소한 단어라는 사실조차 인식하지 못한다.

교회 안에는 오랜 믿음 생활을 해온 사람도 있고, 친구나 지인의 전도로 처음 온 사람도 있다. 신학자도 있고, 우리 말이 익숙하지 않은 외국인도 있다. 교회 안에서부터 소통을 생각하여 모두가 공감하는 언어를 사용하는 습관을 가질 때, 일반인에게 복음을 전하는 훌륭한 준비가 될 것이다.

상대방의 처지와 상황을 충분히 고려한 보편적인 언어를 사용함으로써 욥의 세 친구들처럼 욥을 힘들게 하지 않을 것이라는 배려도 되새기는 마음이 필요하다.

생소한 교회 용어 설명

- 궁창(穹蒼) עִיקָרָה(haraqia) 히

  물과 물을 나눔(창세기 1:6)으로써 생성된 지구를 둘러싸고 있는 넓은 하늘.

- 권면(勸勉) παρακαλῶν(parakalon) 헬

  알아듣도록 타일러서 선한 일에 힘쓰게 하는 일. 일반적으로 '가벼운 책망' 또는 '경고의 말'을 의미한다.

- 권찰(勸察)

  장로교회에서 교우의 가정을 살피고 심방하는 직책.

- 긍휼(矜恤) ἐλέει (eleei) 헬

  가엾게 여기는 마음.

- 봉독(奉讀)

  남의 글을 받들어 읽음.

- 소천(召天)

  하나님이 부른다는 뜻으로 '죽음'을 가리키는 기독교 용어.

- 심방(尋訪) ἱστορῆσαι(historesai) 헬

  직접 방문하여 찾아보는 것을 의미한다. 통상적으로 목회자나 성도 등이 성도의 집이나 사업장, 병원 등을 방문하는 경우에 사용된다. 헬라어의 뜻은 '교제하기 위하여 방문하다' 또는 '대화를 통해 새로운 지식을 얻다'라는 의미가 있다.

- 외식(外飾) ὑποκριταί(hypokritai) 헬

  진실되지 않은 마음 상태.

- 중보(中保)

  1. 두 사람 사이에서 일이 성사되도록 주선하는 사람.
  2. 예수 그리스도가 한 일. 하나님과 인간의 관계를 회복하기 위하여 인류의 죄를 지고 십자가에서 보혈을 흘리고 죽은 일을 이른다.

- 증경(曾經)

  한자 대사전에는 '일찍이', '이전에 겪은'으로 정의하고 있다. 이 말은 시간을 나타내는 부사로서, 중국어에서 동사 앞에만 사용될 뿐 우리나라에서 일반적으로는 사용되지 않는다. 일부 교회에서 사용되는데 '전임'(前任)의 의미이며, 국어사전에 등재되지 않았다.

- 패역(悖逆) הָרָסוּ(wǝsarah) 히, σκολιᾶς(skolias) 헬

  인륜에 어긋나고 불순한 것.

- 흠향(歆饗)

  이 책 '오류' 장에서 상세히 설명함.

언어가 나뉘게 된 성경 근거

창세기를 읽는 과정에서 언제 이 땅의 언어가 나뉘게 되었는지 혼란스럽게 구절들이 있다. 창세기의 대홍수 사건 이후, 노아의 아들 셈, 함, 야벳이 그의 자녀들을 낳고 이들로부터 언어와 민족과 나라가 나뉘게 된다.

이들로부터 여러 나라 백성으로 나뉘어서 각기 언어와 종족과 나라대로 바닷가의 땅에 머물렀더라 | 창세기 10:5

이들은 함의 자손이라 각기 족속과 언어와 지방과 나라대로였더라
| 창세기 10:20

이들은 셈의 자손이니 그 족속과 언어와 지방과 나라대로였더라
| 창세기 10:31

'바네스 성경주석'Barnes' Notes on the Bible에 따르면 이러한 민족의 분화는 내부적으로는 단결을, 외부와는 단절을 이루었다고 설명하고 있다. 그러나 어원이 같은 언어를 사용했을 수도 있다고 해석하는데 이는 바벨탑 사건 이후에 언어가 서로 달라지게 됐다는

성경 기록을 의식한 것으로 보여진다. 즉, 각기의 민족으로 분화되었지만 통역의 도움이 없이 의사소통이 가능했을 것이라는 추정이며, 이러한 분석에 동의한다.

음성(音聲)

I

음성은 사람의 감정을 열어보는 대문大門 같은 존재이다.

사랑하는 상대에게는 달콤하고 부드러운 음성으로, 싸울 때는 큰 소리로, 넘치는 기쁨이 있을 때는 환호성으로, 좌절하고 침울할 때는 가라앉은 음성으로, 참기 힘든 슬픔에서는 울먹이는 목소리로, 두려울 때는 떨리는 목소리로, 일이 어렵고 벅찰 때는 짜증나는 음성으로 감정을 드러낸다.

음성만 듣고도 상대의 감정을 짐작할 수 있다. 특히 부모는 사랑하는 자녀의 음성만 듣고도 자녀의 감정 상태를 알 수 있다. 또 얼굴을 보지 않고 음성만 듣고도 그 소리의 주인공이 누구인 줄 알 수 있다.

예수는 주인과 양羊의 관계를 주인의 음성을 통한 비유로 이렇게 말씀했다.

> 자기 양을 다 내놓은 후에 앞서가면 양들이 그의 음성을 아는 고로 따라오되 타인의 음성은 알지 못하는 고로 타인을 따르지 아니하고 도리어 도망하느니라 | 요한복음 10:4-5

소발은 욥의 세 친구 가운데 가장 급하고 격정적인 성격의 소유자로 보인다. 욥이 친구들의 주장을 반박하자 소발은 격렬하게 반응을 한다. 욥의 주장이 옳다면 자신들이 그동안 옳다고 믿어온 것들이 모두 잘못된 것이 되므로 분노하며 대답한다. 그 음성은 성경에 표현되어 있지 않지만 큰 소리였을 것이고, 분노가 담긴 떨리는 목소리였을 것이다.

소발이 느끼는 감정이 그의 목소리에 그대로 담겼을 것이다.

2. 그러므로 내 초조한 마음이 나로 하여금 대답하게 하나니 이는 내 중심이 조급함이니라

3. 내가 나를 부끄럽게 하는 책망을 들었으므로 나의 슬기로운 마음이 나로 하여금 대답하게 하는구나 |욥기 20:2-3

이 표현을 보다 실감 나게 번역한 것이 우리말 성경이다.

어쩔 수 없이 내 생각을 토로해야겠군 참 답답하다 나를 모욕하고 훈계하는 말을 듣고는 내 영이 깨닫는 바가 있어 대답할 수밖에 없구나

소발은 분노로 가득한 마음을 직설적으로 입에 담아 욥을 공격하기 시작한다. 자존심이 상했고 욥을 향한 미움이 담긴 큰 음성

이었을 것이다.

4. 네가 알지 못하느냐 예로부터 사람이 이 세상에 생긴 때로부터
5. 악인이 이긴다는 자랑도 잠시요 경건하지 못한 자의 즐거움도
잠깐이니라
6. 그 존귀함이 하늘에 닿고 그 머리가 구름에 미칠지라도
7. 자기의 똥처럼 영원히 망할 것이라 그를 본 자가 이르기를 그가
어디 있느냐 하리라 |욥기 20:4-7

소발은 욥에게 그가 처한 곤경의 이유를 친구들이 설명해주면서
자신을 되돌아보라는 조언을 받아들이지 않자 욥에게 분노한다.
또한 오히려 친구들이 잘못된 생각을 하고 있다며 반박하는 욥이
괘씸하다고 생각한다. 소발은 자신이 슬기로운 사람이라고 주장하
는데 그 말 안에는 욥은 슬기롭지 못하다는 생각이 깔려 있다. 아
마도 그렇게 슬기롭지 못하기 때문에 하나님으로부터 벌을 받아
모든 것을 잃고 잿더미 위에서 질그릇 조각으로 몸을 긁고 있다고
믿는 듯하다. 그리고 친구인 욥을 위로하러 왔던 처음의 마음을
완전히 잊고 스스로가 확신하는 자신의 슬기로움이 모욕당했다는
분노의 음성만 남았다.

대화와 토론을 할 때, 자신의 입장과 다르다고 하여 화내며 감정
을 드러내고 분노의 음성을 높이면 이미 패배한 것이다.

III

간절함이 가득한 사람의 마음을 느끼며 사랑이 담긴 음성으로 이름을 부르는 현장이 있다. 아름다운 영화보다 더 감동적인 장면이다.

아직 어두운 이른 새벽에 막달라 마리아가 무덤에 도착해보니 무덤 입구를 막고 있던 돌이 치워져 있었다. 예수가 십자가에서 못 박혀 죽은 후에 무덤에 있던 예수의 시체가 사라진 것이다. 이 사실을 처음 발견한 것은 여러 명의 여인들이었지만 요한복음에서는 오직 막달라 마리아에게 초점을 둔다. 마리아는 이 사실을 예수의 제자 베드로를 비롯하여 예수가 사랑하던 다른 제자에게 달려가 알린다. 베드로와 다른 제자들이 무덤에 들어가 예수의 시체는 사라지고 예수의 몸을 감쌌던 세마포와 머리를 감싼 수건만이 놓여 있음을 확인하고 그 제자들은 무심하게도 집으로 돌아가 버린다.

하지만 막달라 마리아는 제자들이 무덤을 떠난 후에도 그곳에 남아 울면서 무덤 안을 들여다본다. 무덤 안 예수의 시체가 있던 자리에 두 천사가 앉아 있었고, 그 천사들은 막달라 마리아에게 우는 이유를 물었다. 이에 마리아는 사람들이 내 주님을 옮겨다가 어디에 두었는지 알지 못하기 때문이라고 대답한다. 예수의 시체를 찾겠다는 간절함과 슬픔이 담긴 울먹이는 음성이었을 것이다.

그때, 막달라 마리아는 천사에게 울먹이는 음성으로 대답하며 뒤를 돌아보았으나 그곳에 서 있는 사람이 예수인 줄을 알지 못했다. 뒤를 돌아본 마리아를 바라보면서 예수가 묻는다.

여자여 어찌하여 울며 누구를 찾느냐 | 요한복음 20:15

아직 아침 해가 뜨기 전인 어둠 속의 적막한 무덤에서 사라진 예수의 시체를 찾는 마리아의 간절하고 슬픈 마음을 아는 예수의 목소리는 사랑이 깊이 담긴 부드러운 음성이었을 것이다. 하지만 그 음성을 듣고도 마리아는 예수를 동산지기인 줄 알고 다시 "당신이 옮겼거든 어디 두었는지 내게 이르소서 그리하면 내가 가져가리이다(요한복음 20:15)"라고 절박한 음성으로 말한다.

그 후에 이루어진 예수와 마리아 사이의 짧은 대화는 예수의 사랑과 마리아의 기쁨이 담긴 음성으로 가득했다.

예수께서 "마리아야!"하고 부르셨다 마리아가 돌아서서 히브리 말로 "라부니!"하고 불렀다(그것은 '선생님!'이라는 뜻이다) | 요한복음 20:16

막달라 마리아는 간절한 마음으로 예수를 찾고, 절박한 심정으로 무덤을 떠나지 않았기에 부활한 예수를 처음 만나는 복을 누렸다.

마리아가 예수를 향해 부른 라부니는 헬라어로 ραββουνί(rhab-bouni)로서 '나의 주인님, 나의 선생님'이라는 의미이다.

IV

사회가 각박해지면서 거친 언어와 높은 음성이 가득하다. 사람이 많은 곳에서 소리 높여 대화하여 다른 사람들에게 피해를 주기도 한다. 이해관계가 충돌하는 현장은 고성과 욕설로 가득하다. 자신의 생각이 상대방과 다를 경우에 상대가 어떤 이유로 입장이 다른지를 알아보는 생각 보다는 나의 주장을 관철하려는 노력만 한다. 소발과 같은 사람들이 많기 때문에 부드러운 음성으로 말하는 경우를 찾기 어렵다. 심지어 목소리 큰 사람이 이긴다는 억지가 보편화되어 있다.

예배 현장에서도 이 같은 현상이 나타난다. 기도 인도를 하면서 눈물과 외침으로 시종일관하여 함께 있는 성도들의 마음을 힘들게 하는 경우가 있다. 조용한 음성으로 감정을 다스리고 기도 인도를 해달라고 청하면 성령의 감동 때문이라고 큰소리로 대답하기도 한다. 이에 대해 성령의 열매 가운데 마지막이 절제self-control라고 설명하며 은혜롭게 기도 인도를 반복하여 요청하는 경우가 있다.

예수의 시체를 찾는 막달라 마리아가 애절하고 간절한 음성으로 말했듯이, 마리아를 바라보는 예수님이 사랑으로 가득한 부드러운 음성으로 그녀의 이름을 불렀듯이 그렇게 서로 대화한다면 충돌과 갈등보다는 상대를 이해하려는 마음이 앞서게 될 것이다.

먼저 가정에서부터 사랑하는 배우자와 자녀에게 사랑이 담긴 부드러운 음성으로 이름을 불러보자. 그리고 그를 통해 만들어진 가정의 좋은 분위기를 경험하고 사회생활에도 이를 적용해보자.

명칭(名稱)

Ⅰ

사람이 알고 있는 세상의 모든 것은 명칭이 있다. 그것이 자연, 사물, 인체, 우주는 물론 바이러스도 명칭이 있다. 사람은 성명으로 자신의 존재를 확인하며, 지역과 동네는 지명으로 각각을 분간할 수 있다. 또한 자녀의 이름만 듣고도 부모가 기독교도임을 알 수도 있다. 예를 들어 '예은'이라는 아름다운 이름의 어린이를 보면 부모가 자녀의 이름을 지을 때, '예수님의 은혜'라는 의미로 작명했음을 추정할 수 있다.

그러하듯 여러 종류의 명칭에는 명명 대상의 특징과 역사적 배경, 작명자의 철학과 희망, 발견자의 의지 등이 담겨 있다. 명칭이 있기 때문에 서로를 구분할 수 있고, 서로 소통이 가능하며, 기록으로 남겨져 시간이 흐른 후에도 찾아볼 수 있다.

사람의 이름이 없다면 큰 혼란이 있을 것이다. 여러 명이 모인 곳에서 찾고자 하는 사람을 지명하기도 어려울 것이고, 행정기관의 업무 처리도 매우 복잡해질 것이다. 또한 사람들끼리 친분도 오랫동안 지속되기 어려울 것이다. 역사를 기록하는 데 한계가 있을 것이고, 역사를 공부하며 교훈을 얻기도 사실상 불가능할 것이다.

통상적인 명칭과 달리 전문적인 명칭이 있다. 의학에서 신체와

장기 부위를 세밀하게 분류하는 전문적인 명칭이 있고, 미술에서 색상을 정밀하고 미세하게 구분하는 색상 명칭이 존재한다.

가장 중요한 것은 명칭이 있기 때문에 기억하고, 학습하고, 소통의 깊이를 더 할 수 있다는 사실이다.

II

영문도 모르는 상태에서 큰 고난을 당한 욥의 히브리어 이름은 אִיּוֹב(Iyyob)로서 그 이름의 의미는 다양하게 해석된다.

'풀핏 주석서'Pulpit Commentary는 '적대적', '잔인하고 적대적인 취급'이라고 설명하며, '바네스 성경주석'Barnes' Notes on the Bible은 '박해받는 자'이며, 이름의 어근은 '누구에게나 적이 되고, 핍박하고, 증오한다는 뜻'이라고 설명한다. 욥이 '하나님을 경외하고 악에서 떠난 자'이지만 모든 것을 잃는 그의 삶과 친구들의 비난의 과정을 보면 주석서와 같이 욥의 이름을 해석하는 내용이 부합된다.

욥을 위로하기 위해 멀리서 찾아온 세 친구들의 이름도 모두 의미가 있다.

그들 가운데 가장 나이가 많고 자신의 경험과 자신이 받은 계시를 근거로 욥의 불행이 드러나지 않은 허물에서 비롯되었다고 확신하는 엘리바스는 히브리어로 אֱלִיפָז(Eliphaz)로 "하나님은 순금이다"라는 뜻이다.

경험이 풍부한 엘리바스와 달리 빌닷은 학습을 통해 알게 된 지혜론을 근거로 판단하는 다소 융통성이 없는 교리주의자로 보인다. 그 이름은 히브리어로 בִּלְדַּד(Bildad)으로 '벨(주님)이 사랑했다'는 의미이다.

세 친구 가운데 성격이 가장 격하고 흥분하기를 잘하는 소발의 이름은 그의 성격과는 다르게 히브리어로 צוֹפַר(Zophar)로서 '참새'라는 뜻이다.

욥기에서는 한꺼번에 잃은 10명의 자녀와 욥의 아내 이름은 등장하지 않는다. 그러나 모든 고난이 끝나고 회복이 되었을 때, 새롭게 얻은 자녀 가운데 세 딸의 이름은 등장한다.

13. 또 아들 일곱과 딸 셋을 두었으며

14. 그가 첫째 딸은 여미마라 이름하였고 둘째 딸은 굿시아라 이름하였고 셋째 딸은 게렌합북이라 이름하였으니

15. 모든 땅에서 욥의 딸들처럼 아리따운 여자가 없었더라 그들의 아버지가 그들에게 그들의 오라비들처럼 기업을 주었더라 |욥기 42:13-15

일곱 명의 아들 이름은 등장하지 않고 딸들의 이름만 등장하는 이유는 성경적 해석은 다양하지만 정확히 알 수는 없다.

첫째 딸 여미마는 히브리어로 יְמִימָה(Yemimah)로서 '날마다'라는 뜻으로 "그녀의 아름다움이 그 날과 같았다"고 하여 명칭이 지

어진 것이라고 해석한다.

둘째 딸 굿시아는 히브리어로 הְעִצִיעָה(Keziah)로서 향신료로 사용되는 '계피나무'라는 뜻으로 "귀한 향수처럼 소중하다"는 의미로 해석된다.

셋째 딸 게렌합북은 히브리어로 דֶּרֶן הַפּוּךְ(qeren happuwk)으로 '안티몬의 뿔'이라는 뜻으로 "안티몬 가루로 만든 화장품을 담는 상자"라는 의미인데 이를 근거로 얼굴의 밝기가 에메랄드와 같았기 때문이라고 해석하는 학자도 있다.

이 명칭의 종합적인 의미는 성경에서 명시하듯이 모든 땅에서 욥의 세 딸보다 아리따운 여성이 없었다는 것을 그들의 이름을 통해 확인할 수 있다는 점이다. 딸 이름의 뜻을 살펴보면 고난이 끝난 후에 모든 가족들과 함께 하는 욥이 딸의 이름을 통해 행복했음을 추정해 볼 수 있다. 또한 아들이 없는 경우에만 딸에게 유산을 주라고 한 여호와의 율법과는 달리 딸에게도 유산을 준 것이 강조된 것을 보면 부모와 자녀의 관계가 매우 화목했음을 짐작할 수 있다.

너는 이스라엘 자손에게 말하여 이르기를 사람이 죽고 아들이 없으면 그의 기업을 그의 딸에게 돌릴 것이요 | 민수기 27:8

III

하나님은 천지를 창조한 이후 생물들의 명칭을 아담이 정하도록
하였다.

> 19. 여호와 하나님이 흙으로 각종 들짐승과 공중의 각종 새를 지
> 으시고 아담이 무엇이라고 부르나 보시려고 그것들을 그에게로 이
> 끌어 가시니
> 20. 아담이 각 생물을 부르는 것이 곧 그 이름이 되었더라 아담이
> 모든 가축과 공중의 새와 들의 모든 짐승에게 이름을 주니라 ┃창
> 세기 2:19-20

하나님이 아담에게 생물의 명칭을 짓도록 권한을 준 이유는 모
든 생물을 다스리라는 데 있다.

> 하나님이 그들에게 복을 주시며 하나님이 그들에게 이르시되 생육
> 하고 번성하여 땅에 충만하라, 땅을 정복하라, 바다의 물고기와 하
> 늘의 새와 땅에 움직이는 모든 생물을 다스리라 하시니라 ┃창세
> 기 1:28

하나님이 창조한 아담에게 생물들에게 명칭을 붙이도록 한 뜻을
'풀핏 주석서'Pulpit Commentary는 크게 두 가지 의미가 있다고 설명
한다.

첫째는 조물주인 하나님이 에덴동산에 있는 선악과를 먹지 말라는 첫 번째 명령에 이은 아담에게 준 두 번째 과제이며,

둘째는 하나님이 사람에게 준 언어와 이성을 사용할 첫 번째 기회를 부여한 것이다.

이렇듯 명칭은 깊은 의미가 있다.

예수라는 이름은 하나님이 예수의 아버지 요셉과 어머니 마리아에게 직접 주었다. 예수는 헬라어로 Ἰησοῦν(Iésous)로서 '구원자', '여호와께서 구원하신다'는 뜻의 '여호수와'를 헬라어로 표현한 것이다. 즉, 예수라는 명칭에는 예수에게 주어진 구원의 역할이 모두 담겨 있다.

예수의 12제자 가운데 수제자인 베드로는 본래 그의 이름이 시몬이었으나 예수는 그에게 새로운 이름을 지어주었다.

> 그가 먼저 자기의 형제 시몬을 찾아 말하되 우리가 메시야를 만났다 하고(메시야는 번역하면 그리스도라) 데리고 예수께로 오니 예수께서 보시고 이르시되 네가 요한의 아들 시몬이니 장차 게바라 하리라 하시니라(게바는 번역하면 베드로라) | 요한복음 1:41-42

아람어 게바(Κηφᾶς)는 아람어로 '바위'라는 의미이며, 이를 헬라어로 표현하면 Πέτρος(Petros)로 역시 같은 의미이다. 예수는 제자 베드로에게 앞으로 그의 역할을 명확히 그의 이름을 통해 제시해

주었다.

> 또 내가 네게 이르노니 너는 베드로라 내가 이 반석 위에 내 교회
> 를 세우리니 음부의 권세가 이기지 못하리라 | 마태복음 16:18

　예수의 십자가 죽음 이후에 베드로를 비롯한 제자들을 통해 구원의 복음을 이 땅에 흔들림 없이 전하도록 한 예수의 계획이 그의 이름에 확실하게 담겨 있는 것이다.

IV

　"호랑이는 죽어서 가죽을 남기고 사람은 이름을 남긴다"는 속담이 있다. "이름값을 한다"는 말도 있다. 그만큼 명칭은 사람에게 중요한 가치이며, 판단의 기초가 된다. 그래서 작은 상점을 시작하더라도 눈길을 끌기 위해 상호를 작명하는 데 많은 준비를 하고, 유행가를 대중에게 선보일 때도 쉽게 기억하면서도 노래의 특징을 함축한 명칭인 곡명을 창작하는 데 심혈을 기울인다.

　나라의 명칭인 국호가 정치적 목적에 의해 변경된 사례도 있다. 가장 대표적인 경우가 버마에서 미얀마로 바뀐 것이며, 정치적 입장에 따라 변경된 국호의 사용을 거부하는 나라도 있다. 또한 전쟁의 승패에 따라 패전국의 수도 이름이 승리자의 지도자 이름으로 바뀐 경우도 있다. 베트남의 사이공이 지금의 호치민으로 변경

된 경우이다. 명칭이 갖는 의미를 잘 보여주는 사례이다.

우리가 다니는 도로에도 명칭이 있고, 건물도 명칭이 있다.
근원을 알기 어려운 무의미한 명칭이 아닌 지역의 역사와 나라를 위해 헌신한 그 지역 출신 인물의 이름을 도로명이나 작은 골목길 명칭으로 부여해보는 것도 가치가 있을 것이다.

교회도 모두 명칭이 있다.
교회 건물은 물론 한 명이 들어갈 작은 기도방까지 하나님을 생각하는 마음으로 성경에서 따온 명칭을 부여한 교회들이 있다. 그곳을 출입하거나 그 명칭을 부를 때마다 그 명칭의 의미를 생각할 수 있는 좋은 기회이다. 예배 후에 차 한 잔을 나누는 작은 찻집을 단순하게 카페라고 부르는 것보다 따뜻함을 나눌 수 있는 성경 속의 이름을 명명한다면 성경에 더욱 가까이 또 더 깊이 다가갈 수 있을 것이다.
사랑이 담긴 애칭을 포함한 명칭을 통해 마음을 서로 나누는 공동체가 된다면 갈등보다는 화합이, 외면보다는 관심이 커지는 계기가 될 것이다.

소식(消息)

I

소식은 뉴스news이며, 떨어져 있는 사람의 사정이나 입장을 알리는 말이나 글이다.

현대인들은 소식의 홍수 속에서 살고 있다. 언제든지 새로운 소식을 접할 수 있고, 전 세계에서 어떤 일이 발생했는지 바로 알 수 있다. 자신과 직접 연관이 없는 소식이라도 뉴스를 접하고 즐거운 마음이 들기도 하고, 불쾌하거나 분노하는 마음이 들기도 한다.

소식을 간절한 마음으로 기다리는 경우도 있다. 입시와 입사 지원을 한 사람은 합격 소식을 애타는 마음으로 기다릴 것이고, 계약을 추진하는 당사자는 성사 소식이 오기를 기다릴 것이다. 건강검진을 받은 사람은 검진 결과가 도착하거나 의사를 만날 때, 두려운 마음으로 결과를 기다릴 것이다.

어떤 소식을 받고 큰 슬픔에 빠지거나 충격을 받을 내용도 있다. 그런 탓에 '무소식이 희소식'이라는 우리 속담이 있다. 같은 소식이라도 처한 상황에 따라 기쁜 소식이 되기도 하고 걱정스러운 소식이 되기도 한다. 큰 가뭄이 계속될 때의 비 소식은 희소식이지만 계속되는 장마철의 비 소식은 걱정스러운 소식이다. 이렇듯이 처한 상황과 입장에 따라 소식은 희비가 엇갈리기도 한다.

좋은 소식을 전하며 평화를 공포하며 복된 좋은 소식을 가져오며
구원을 공포하며 시온을 향하여 이르기를 네 하나님이 통치하신다
하는 자의 산을 넘는 발이 어찌 그리 아름다운가 ㅣ이사야 52:7

유다왕국의 멸망 이후 바벨론의 포로로 잡혀간 이스라엘 백성
들이 예루살렘으로 되돌아갈 수 있으며, 하나님이 그들을 통치한
다는 기쁜 소식을 예언한 이 구절이 좋은 소식의 기쁨을 실감 나
게 표현하고 있다. 바네스 성경주석Barnes' Notes on the Bible은 좋
은 소식을 전하는 선구자에 의해 길고 고통스런 포로의 시대가 끝
나고 성스러운 도시와 성전이 다시 화려하게 일어서며 평화와 풍
요와 기쁨이 온 땅에 퍼졌다고 이 구절을 설명했다.

II

욥은 모든 재산과 열 명의 자녀 그리고 욥의 집안에서 일하던
종들을 거의 동시에 잃었다. 각각의 재난이 발생한 현장에 있던
종들 가운데 유일하게 한 명씩의 종이 살아남아 그 소식을 욥에게
전했다. 첫 번째 재난은 소 500겨리 즉 1,000필과 암나귀 500마
리를 빼앗겼고 소식을 전한 한 명을 제외하고 현장에 있던 종들이
모두 죽임을 당했다.

사환이 욥에게 와서 아뢰되 소는 밭을 갈고 나귀는 그 곁에서 풀

을 먹는데 스바 사람이 갑자기 이르러 그것들을 빼앗고 칼로 종들
을 죽였나이다 나만 홀로 피하였으므로 주인께 아뢰러 왔나이다

|욥기 1:14-15

두 번째 재난은 양 7,000마리와 종들이 소식을 전한 한 명을 제
외하고 모두 불살라졌다.

그가 아직 말하는 동안에 또 한 사람이 와서 아뢰되 하나님의 불
이 하늘에서 떨어져서 양과 종들을 살라 버렸나이다 나만 홀로 피
하였으므로 주인께 아뢰러 왔나이다 |욥기 1:16

세 번째 재난은 낙타 3,000마리를 빼앗기고 같이 있던 종들이
소식을 전한 한 명을 제외하고 모두 죽임을 당했다.

그가 아직 말하는 동안에 또 한 사람이 와서 아뢰되 갈대아 사람
이 세 무리를 지어 갑자기 낙타에게 달려들어 그것을 빼앗으며 칼
로 종들을 죽였나이다 나만 홀로 피하였으므로 주인께 아뢰러 왔
나이다 |욥기 1:17

가장 큰 고통을 준 재난으로 아들 일곱, 딸 세 명이 한자리에서
죽은 사건이 발생하였고, 혼자 살아남은 종이 와서 욥에게 비통한
소식을 전한다.

18. 그가 아직 말하는 동안에 또 한 사람이 와서 아뢰되 주인의 자
녀들이 그들의 맏아들의 집에서 음식을 먹으며 포도주를 마시는데
19. 거친 들에서 큰 바람이 와서 집 네 모퉁이를 치매 그 청년들
위에 무너지므로 그들이 죽었나이다 나만 홀로 피하였으므로 주인
께 아뢰러 왔나이다 한지라 | 욥기 1:18-19

첫 번째 재난을 당한 소식을 전한 종을 개역개정 성경에서는 '사
환'으로 번역했다. 그러나 NIV 성경에서는 messenger(전달자)로
표현하고 있으며, 히브리어로는 מַלְאָךְ(malak)으로서 전달자, 천
사, 대표자라는 의미로 사용된다. 이에 대해 '길 성경전서 설명'Gill's
Exposition of the Entire Bible에서는 "모두 욥의 종이었으며 나머지 종
들에게 닥친 재난을 피한 전령"이라고 풀이했다. 엄청난 재난의 현
장에서 살아남아 주인인 욥에게 소식을 전한 내용은 짧지만 핵심
적인 상황이 빠짐없이 포함되어 있다. 불행한 소식이었지만 내용이
정확했다는 뜻이다.

만일 재난 현장에서 욥에게 소식을 전달한 종이 없었다면 욥은
많은 시간이 지난 뒤에야 사건 내용을 알 수 있었을 것이다. 그리
고 누구에 의해 어떤 일이 발생했는지도 알지 못했을 것이다. 연거
푸 전해진 엄청난 소식을 듣고 욥은 슬픔 속에서 하나님 앞에 엎
드려 예배할 수 있었던 것도 왜곡되지 않은 사건 관련 소식을 생
생하게 전달받았기 때문이다.

20. 욥이 일어나 겉옷을 찢고 머리털을 밀고 땅에 엎드려 예배하며

21. 이르되 내가 모태에서 알몸으로 나왔사온즉 또한 알몸이 그리
로 돌아가올지라 주신 이도 여호와시요 거두신 이도 여호와시오
니 여호와의 이름이 찬송을 받으실지니이다 하고
22. 이 모든 일에 욥이 범죄하지 아니하고 하나님을 향하여 원망
하지 아니하니라 | 욥기 1:20- 22

사건 현장에 있던 욥의 종들이 그에게 소식을 제대로 전하지 않
았다면 욥은 혼란에 빠져 모든 것을 의심하며 분노하는데 매달렸
을 가능성이 크다.

III

이 세상을 구원할 메시야인 그리스도의 출현을 알리는 약속이
구약성경의 핵심 내용이다. 그 가운데 매우 구체적으로 메시야의
출현을 예언하는 구절이 있다.

그러므로 주께서 친히 징조를 너희에게 주실 것이라 보라 처녀가
잉태하여 아들을 낳을 것이요 그의 이름을 임마누엘이라 하리라
| 이사야 7:14

구약의 약속을 바탕으로 이스라엘 민족은 오랫동안 메시야의 출
현을 알리는 소식을 기다렸다. 이스라엘 민족이 분열되고, 침략으

로 포로가 되고, 로마의 지배를 받는 고통스러운 상황에서 자신들을 구원해 줄 메시야의 출현 소식을 더욱 간절하게 기다렸다. 심지어 양 떼를 지키는 목자들도 메시야의 출현 소식을 간절한 마음으로 기다렸다. 그 목자들 앞에 천사가 나타나 예수 그리스도의 탄생을 알리는 소식을 알리자 그들은 천사들이 전한 소식을 직접 가서 보고 전해주자고 뜻을 모은다.

> 오늘 다윗의 동네에 너희를 위하여 구주가 나셨으니 곧 그리스도
> 주시니라 너희가 가서 강보에 싸여 구유에 뉘어 있는 아기를 보리
> 니 이것이 너희에게 표적이니라 하더니 | 누가복음 2:11-12

메시야의 탄생 소식을 천사에게 들은 목자들이 예수가 탄생한 베들레헴으로 가서 이 소식을 전하였다. 그 소식을 전해 들은 모든 사람들이 놀랍게 여기게 되었다. 이는 이스라엘 민족 모두가 자신들을 구해줄 메시야의 출현 소식을 같은 마음으로 기다렸다는 반증이다.

예수님의 첫 제자가 된 베드로와 안드레의 대화를 통해 어부였던 그들도 메시야의 출현을 기다렸음을 알 수 있다. 세례 요한의 제자였던 베드로와 안드레 형제는 예수를 만나 대화를 한 후에 예수가 메시야임을 알게 되었으며, 메시야는 헬라어로 그리스도라고 표현한다는 점도 알 수 있다.

40. 요한의 말을 듣고 예수를 따르는 두 사람 중의 하나는 시몬 베

드로의 형제 안드레라

41. 그가 먼저 자기의 형제 시몬을 찾아 말하되 우리가 메시야를
만났다 하고(메시야는 번역하면 그리스도라) |요한복음 1:40–41

베드로와 안드레 형제의 대화 속에 메시야를 '만났다'는 개역개
정 번역은 헬라어로 Εὑρήκαμεν(Heurekamen)로 단순하게 만났다
는 의미를 넘어선다. 헬라어로 '찾다', '발견하다'는 의미로서 우연
하게 만난 것이 아니라 '의지를 갖고 찾았다'는 뜻이 포함되어 있
다. 즉 베드로 형제들이 간절하게 메시야를 만나기를 기다렸던 의
미이며, 그들은 세례 요한으로부터 그리스도가 이 땅에 왔다는 소
식을 듣고 예수를 만나 제자가 되는 기쁨을 누릴 것이다.

IV

앞에서 말했듯이 "무소식이 희소식"이라는 속담이 있다. 아무런
어려움이 없이 잘 지내고 있기 때문에 소식을 전하지 않는다는 의
미이다. 즉, 바꾸어 말하면 어려운 상황이 될 때는 소식을 전한다
는 말이기도 하다.

종들을 통해 욥에게 전해진 참담한 소식은 듣는 사람에게도 큰
고통이나 걱정이 될 것이다. 또한 고통스러운 현실에 처해 있다면
그 상황에서 벗어나게 해줄 구세주가 도래하기를 바라는 마음은
모든 이들의 갈망일 것이다.

그런 간절한 마음을 악용하는 것이 이단이며, 이단의 교주들은 자신이 성경에서 약속한 구세주라는 소식을 널리 전하며 사람을 현혹한다. 그리고 이를 분별하지 못하는 사람들은 그들에게 속아 잘못된 신앙을 갖게 되기도 한다.

흔히 표현하는 복음은 영어로 '좋은 소식'good news이다. 메시야가 이 땅에 왔다는 좋은 소식이며, 베드로 형제처럼 현실의 어려움에서 벗어날 구세주를 찾아 만나는 것이 복음이다.

메시야 즉 그리스도가 우리를 구원하기 위해 이 땅에 왔다. 예수는 우리에게 말하였다. 그 말은 복음 즉 좋은 소식이다.

구하라 그리하면 너희에게 주실 것이요 찾으라 그리하면 찾아낼 것이요 문을 두드리라 그리하면 너희에게 열릴 것이니 | 마태복음 7:7

믿음을 구하면 주님이 우리에게 그 믿음을 주실 것이며, 베드로 형제처럼 메시야를 찾으면 예수 그리스도를 만나게 될 것이며, 교회 문을 두드리면 반갑게 당신을 맞아 줄 것이다.

살아가는데 힘든 일들이 있어 마음의 평안을 구하고 있다면, 무엇인가 혼란에 빠져 안식을 찾는다면, 망설이지 말고 교회 문을 두드리기 바란다.

그것이 가장 좋은 소식을 들을 수 있는 최고의 길이다.

태도(態度)

Ⅰ

태도는 사전적으로 '몸의 동작이나 몸을 가누는 모양새'라는 뜻과 함께 '어떤 일이나 상황 따위를 대하는 마음가짐이나 입장 또는 그 마음가짐과 입장이 드러난 자세'이다. 상급자를 대할 때와 동료나 하급자를 대할 때의 태도가 다르기도 하다. 중요한 시험을 치를 때와 편안한 휴식을 취할 때의 태도도 다르다. 동일한 문제에 대하여 보고하는 위치와 지시하는 위치의 태도도 다르다. 태도는 자기의 성향이 드러나는 결과이기도 하다.

치밀하게 대책을 세우는 사람이 있는 반면 일을 진행하면서 임기응변에 능한 사람도 있다. 지시하는 위치이지만 겸손하고 알아듣기 쉽게 지시하는 경우도 있고, 대강의 내용을 거만하게 지시하는 사람도 있다. 지시를 받으면서 속마음은 부정적인 시각으로 받아들이기도 하며, 철저하게 분석하여 보다 완벽한 계획을 세우겠다는 적극적인 마음을 갖기도 한다.

> 각각 자기 일을 돌볼뿐더러 또한 각각 다른 사람들의 일을 돌보아 나의 기쁨을 충만하게 하라 너희 안에 이 마음을 품으라 곧 그리스도 예수의 마음이니 |빌립보서 2:4-5

자신의 위치와 생각이 반영된 태도는 결과를 도출하는 출발이기도 하다.

II

절망하고 좌절하여 앞이 보이지 않을 때는 스스로 태도의 일관성을 유지하기 어렵다. 그런 상황이 된 이유를 생각하면서 자신이 납득하지 못하고 어떤 대상에 대한 분노의 마음도 갖게 된다.

올바른 삶을 살아온 욥도 하나님에 대해서 그런 태도를 보인다.

> 나의 간구를 누가 들어 줄 것이며 나의 소원을 하나님이 허락하시
> 랴 이는 곧 나를 멸하시기를 기뻐하사 하나님이 그의 손을 들어
> 나를 끊어 버리실 것이라 |욥기 6:8-9

모든 것을 잃은 욥은 자신의 삶이 비참하다고 친구들에게 하소연한다. 그리고 하나님이 자신의 기도를 들어주지 않는다고 한탄하면서 하나님이 자신의 생명을 거두어 가기를 바란다고 말한다. 모든 삶의 소망도 포기한 상태에서 스스로 생명을 포기하는 죄를 짓지 않고 하나님이 그 일을 해달라고 절망 속의 절규를 하는 것이다.

20. 사람을 감찰하시는 이여 내가 범죄하였던들 주께 무슨 해가

되오리이까 어찌하여 나를 당신의 과녁으로 삼으셔서 내게 무거운 짐이 되게 하셨나이까

21. 주께서 어찌하여 내 허물을 사하여 주지 아니하시며 내 죄악을 제거하여 버리지 아니하시나이까 내가 이제 흙에 누우리니 주께서 나를 애써 찾으실지라도 내가 남아 있지 아니하리이다 │욥기 7:20-21

욥은 고통 속에서 하나님을 향해 항의하는 태도를 보인다. 항의를 하면서도 매우 냉소적인 태도를 보인다.

욥은 하나님을 "사람을 감찰하시는 이"라고 부른다. 감찰은 히브리어로 נָצַר(natsar)로서 '보호하다, 지켜주다'라는 의미가 강하다. 하지만 욥은 '자신을 감시한다'는 의미로 사용하면서 자신이 죄를 지었다고 해도 하나님에게 무슨 해가 되느냐고 되묻는다. 이어서 자신이 얼마나 큰 죄를 지었기에 자신에게 징벌의 화살을 하나님이 쏘았느냐고 묻는다. 그리고 자신은 죄를 지은 적이 없지만 자신이 모르는 사이에 죄를 지었다면 그 죄를 용서해주지 않느냐고 계속해서 묻는다.

마지막으로 하나님이 그 죄를 용서하는 것은 자신의 죽음이라고 생각하면서 하나님이 은혜를 베풀어서 자신을 편안하게 죽음에 이르게 되기를 기대한다고 주장한다. 친구들에 대한 대답인 동시에 하나님을 향한 기도이기도 한 욥의 말에 대해 아직도 하나님은 응답을 하지 않는다.

욥은 친구들과의 길고 힘든 논쟁을 마무리할 때에 하나님이 욥에게 폭풍우 가운데서 무지한 말로 생각을 어둡게 하는 자가 누구냐고 묻는 말을 시작으로 욥이 그동안 했던 말을 분명하게 지적한다. 이에 대해 욥은 자신의 처지에 대해 억울해 하면서 하나님을 불의한 분으로 규정하며 잘못된 말을 했던 것을 하나님 앞에서 인정한다.

주께서는 못 하실 일이 없사오며 무슨 계획이든지 못 이루실 것이 없는 줄 아오니 무지한 말로 이치를 가리는 자가 누구니이까 나는 깨닫지도 못한 일을 말하였고 스스로 알 수도 없고 헤아리기도 어려운 일을 말하였나이다 | 욥기 42:2-3

이 말은 자신의 경솔함을 인정하면서 스스로 깨닫지 못한 일에 대해서 말을 했고, 하나님의 일은 헤아릴 수도 없이 어려운 일임에도 자신이 잘못된 말을 하였다는 시인이다. 이렇듯 욥의 친구들에게 자신의 주장을 거침없이 펼칠 때의 모습과는 완전히 달라진 태도를 보인다. 이러한 과정을 거치면서 욥은 진정으로 하나님 앞에서 회개를 하였다. 욥은 하나님을 향해 자신의 억울한 상황을 항변하고, 친구들의 비난에 대해 반박하는 과정에서 보였던 자신의 입장과 태도에 대해 잘못을 인정한 것이다.

III

오병이어의 기적은 다윗과 골리앗의 싸움 만큼 널리 알려져 있는 성경의 기적 사건 가운데 하나이다. 4복음서가 모두 이 기적을 다루고 있는데 요한복음은 이 가운데 제자 빌립과 안드레의 서로 다른 태도를 유일하게 비교하고 있다.

유대인들의 최대 명절인 유월절을 앞둔 어느 날, 예수는 제자들과 함께 산에 올랐다. 병든 자를 치유하는 기적을 아는 많은 무리들이 예수를 따라 산으로 모여드는 것을 본 예수는 제자 빌립에게 이렇게 질문한다.

우리가 어디서 떡을 사서 이 사람들을 먹이겠느냐 |요한복음 6:5

이 질문을 한 예수는 자신이 어떻게 할지를 이미 알면서 제자 빌립의 믿음을 시험하고자 함이었다. 이 질문을 받은 빌립은 나름대로 뛰어난 분석력을 갖고 대답한다. 그 자리에 모인 무리 가운데 여자와 어린이를 제외하고 남자만 헤아려도 5천 명이 있는데 이들에게 조금씩만 먹게 해도 200데나리온 상당의 떡이 필요하다고 대답한다. 그의 대답 속에는 자신을 포함한 제자들이 그만한 돈을 갖고 있지도 않으며 설령 그 돈이 있다고 하여도 이 늦은 시간이고 빈 들인데 어디 가서 그만한 분량의 떡을 살 수 있겠냐는 회의적인 마음이 바탕에 있었을 것이다.

곁에 있던 제자 안드레는 예수에게 한 소년이 작은 떡 5개와 작은 물고기 두 마리를 갖고 있는데 이것을 가지고 이 많은 사람을 먹일 수 있겠느냐고 묻는다. 안드레는 뛰어난 정보수집 능력을 갖고 있었다. 그가 그 많은 사람들 가운데서 그나마 적은 분량의 떡과 물고기가 있다는 사실을 파악한 이후에 이에 머물지 않고 예수에게 이것을 갖고 그곳에 모인 모든 사람들에게 먹일 방법을 찾아주기를 바라는 마음을 갖고 있었다.

탁월한 분석력을 갖고 있는 빌립과 뛰어난 정보수집 능력을 갖고 있는 안드레는 예수의 제자이지만 근본적으로 문제를 해결하기 위한 태도가 달랐다. 제자들은 그간 예수가 행한 수많은 기적을 가까이에서 지켜보았다. 예수의 능력을 믿으며 사람으로서는 해결이 불가능한 상황에서 스승인 예수에게 문제 해결을 청하는 안드레의 태도와 기적을 행한 스승 예수의 능력보다는 자신의 생각대로 결론을 내린 빌립의 태도는 오늘을 사는 우리에게도 적용되는 의미 있는 사건이다.

IV

사람의 태도는 자신이 처한 상황과 입장에 따라 다르게 나타난다. 극단적인 상황에서 자신에게 닥친 고통과 이로 인한 분노로 입에 담지 못할 험한 말을 하기도 한다. 비록 다른 사람이 듣지 않는다 하여도 입에 담은 험한 말은 자신에게 위안이 되기보다는 스스로를 억제하지 못하는 또 다른 고통이 될 가능성이 크다.

제자는 스승에게, 부하는 상사에게 자신의 능력으로는 해결하기 어려운 과제를 받을 때가 있다. 또 주어진 과제가 단 한 번도 해보지 않았기 때문에 과제를 풀어갈 실마리가 머릿속에 떠오르지 않을 수 있다. 이런 때에 시작도 해보지 않고 포기하기보다는 다양한 접근 방법을 찾아보고 그래도 해결의 길이 보이지 않을 때에 과제를 부여해 준 사람에게 찾아가 그간의 문제 해결을 위한 과정을 설명하고 해결 방안을 묻는 것도 현명한 길일 수 있다.

또 하나는 발상을 바꾸어 보는 것이다.

고르디우스의 매듭Gordian Knot을 풀면 세상의 주인이 될 수 있다는 말을 들은 많은 사람들이 복잡하게 꼬인 매듭을 풀려고 시도했지만 성공하지 못했다. 하지만 매듭을 칼로 잘라 해체한 알렉산더 대왕과 같이 발상의 전환도 시도해 볼 필요가 있다.

자신만의 고정관념에 사로잡혀 있어 더 넓고 큰 것을 바라보지 못한다는 사실을 늘 깨닫는 삶이라면 무엇이 불가능하고 두렵겠는가?

- 고통
- 차이
- 오류
- 배반
- 의심

제3장

부정(否定)

고통(苦痛)

I

누구나 살아가면서 몸과 마음의 괴로움과 아픔을 겪는다. 이를 고통이라고 한다.

남부러울 것 없이 살아가는 사람에게도 남에게 말 못할 고민이 있으며, 그 고민이 깊을수록 고통스러운 마음을 갖게 된다. 이것은 마음의 고통이다. 사람이 자기의 의지와 계획대로 그 어떤 것이 이루어지지 않으면 절망한다. 절망할 때에 분노, 좌절, 비애, 번민, 포기, 고뇌, 우려의 감정이 복합적으로 나타난다. 이러한 마음의 고통의 결과인 절망을 기독교 실존주의자인 키에르케고르는 "죽음에 이르는 병"이라고 규정했다.

육체의 고통도 살아가는 데 큰 어려움을 준다. 질병과 상처로 인한 아픔, 참기 힘든 통증 등은 정상적인 생활을 방해하는 육체적인 고통이다. 육체적인 고통이 지속되면 대부분 마음의 고통으로 연결된다. 치유가 될 것인지에 대한 걱정, 치료비에 대한 염려 그리고 간병을 하는 가족을 포함한 주변 사람들에 대한 미안한 감정이 나타나게 된다. 이러한 사람들에게 가장 필요한 것이 그 고통 속에서 벗어나 마음의 평안을 얻는 것이다.

예수는 여러 가지 마음과 육체의 고통 속에서 살아가는 우리들에게 이렇게 말한다.

> 28. 수고하고 무거운 짐 진 자들아 다 내게로 오라 내가 너희를 쉬
> 게 하리라
> 29. 나는 마음이 온유하고 겸손하니 나의 멍에를 메고 내게 배우
> 라 그리하면 너희 마음이 쉼을 얻으리니 |마태복음 11:28-29

"다 나에게 오라"Come to me, all는 말씀은 '예수님에 대한 역사적인 사실을 믿는 것이 아니라 개인적으로 예수님을 신뢰하라는 초청'이라고 ESV Study Bible은 설명하고 있다. 이러한 개인적 초청을 통해 마음이 쉼을 얻는다고 선포한 것은 고통을 겪는 모든 이에게 큰 위로가 되는 약속이다.

II

이유와 원인을 알지 못하는 상태에서 누려왔던 모든 행복을 한꺼번에 잃은 욥의 고통은 당사자가 아니면 헤아릴 수 없을 것이다. 욥은 그 마음의 고통을 친구들에게 숨김없이 표현한다.

> 내 마음이 뼈를 깎는 고통을 겪느니 차라리 숨이 막히는 것과 죽
> 는 것을 택하리이다 |욥기 7:15

욥의 이러한 표현은 그 고통의 극심함을 보여주는 동시에 욥을 시험하기 위해 사탄이 하나님에게 청하는 내용과도 연결이 된다.

이제 주의 손을 펴서 그의 뼈와 살을 치소서 그리하시면 틀림없이 주를 향하여 욕하지 않겠나이까 |욥기 2:5

위의 두 성경 구절에 사용된 뼈는 히브리어로 עֶצֶם(etsem)으로서 뼈라는 뜻 이외에 본질, 실체, 핵심, 자아라는 의미도 있다. 본질, 자아, 실체의 의미로 사용된 사례는 시편 구절이다.

내 모든 뼈my whole being가 이르기를 여호와와 같은 이가 누구냐 그는 가난한 자를 그보다 강한 자에게서 건지시고 가난하고 궁핍한 자를 노략하는 자에게서 건지시는 이라 하리로다 |시편 35:10

이런 의미로 본다면 욥이 고통을 당하면서 오히려 그 고통보다 죽음이 낫다는 의미는 살아 있는 실체로서 자신의 본질이 당하는 고통은 그만큼 견디기 어렵다는 의미로 해석할 수 있을 것이다. 우리 말로 표현하자면 욥이 겪는 불행은 뼈에 사무치는 고통이라고 하면 조금이나마 이해가 된다.

III

　　예수는 삼위일체의 하나님으로서 우리를 구원하기 위해 인자人子, the Son of Man의 모습으로 이 땅에 왔다.

　　하나님의 형상으로 우리를 창조하였듯이 예수도 이 땅에 아기 예수로 왔고, 어린 시절을 보낸 뒤에 서른 살부터 공생애를 시작하였다. 사람과 동일하게 고통과 절망은 물론 배고픔과 졸림을 느꼈고, 분노와 사랑의 감정도 가졌다. 죽은 사람을 살리고 병든 자를 고치는 능력을 가졌어도 잡힌 후에 예수에게 가해진 채찍질과 머리에 쓴 가시관은 물론 무거운 십자가를 지고 골고다 형장으로 향하는 길과 십자가에 못 박히는 모든 과정은 육체적 고통의 연속이었다.

　　하지만 예수는 고통에 대해 이미 이렇게 말하였다.

> 여자가 해산하게 되면 그때가 이르렀으므로 근심하나 아기를 낳으면 세상에 사람 난 기쁨으로 말미암아 그 고통을 다시 기억하지 아니하느니라 ｜요한복음 16:21

　　예수가 제자들에게 진리의 성령이 올 것임을 설명하면서 비유로 한 말씀이다. 예수는 제자들에게 "내가 아버지께로 가니 너희가 다시 나를 보지 못함이요(요한복음 16:10)" 라면서 진리의 성령이 오면 "그가 내 영광을 나타내리니 내 것을 가지고 너희에게 알리시겠음이라(요한복음 16:14)"며 예수와 성령의 관계를 설명했다. 그러나 제자들은 예수의 이러한 말씀을 이해하지 못하자 다시 설명하면서 이렇게 말한 뒤에 비유로서 제대로 이해할 수 있도록 했다.

> 조금 있으면 너희가 나를 보지 못하겠고 또 조금 있으면 나를 보리라 하시니 |요한복음 16:16

예수는 제자들에게 십자가 죽음을 미리 말씀했고, 그 죽음은 진리의 성령이 이 땅에 오는 것이라고 설명했다. 그리고 이해하지 못하는 제자들에게 비유로 설명한 것처럼 해산의 고통이 있기 때문에 새로운 생명이 탄생하며, 그 생명을 얻은 기쁨으로 해산의 고통을 기억하지 않게 된다고 하였다.

IV

살아가면서 고통을 당하는 시간은 힘들다.

하지만 우리의 삶은 소중하기 때문에 고통을 감당하기 힘들다는 이유로 삶을 포기할 수 없다. 고통을 잊기 위해 마약에 빠지고, 알코올 중독이 되는 것은 고통의 문제를 근본적으로 해결하는 방법이 아니다. 오히려 삶을 피폐하게 만들 뿐이다.

예수는 우리의 죄를 용서하기 위해 십자가에 못 박히는 고통의 길을 망설이지 않았다. 산모도 새 생명의 탄생을 위해 해산의 고통을 망설이지 않는다.

욥과 같이 모든 것을 잃었어도 포기하지 않고 믿음 속에서 자신의 삶을 지킨다면 그 고통의 시간을 잊을 수 있는 기쁨의 날이 반드시 온다.

> 생각건대 현재의 고난은 장차 우리에게 나타날 영광과 비교할 수 없도다 | 로마서 8:18

역경, 박해, 질병 등으로 대표되는 고난은 고통의 형태로 아픔이 느껴진다. 현재 겪는 시련의 고통은 일시적이지만 영광으로 상징되는 미래의 행복은 영원하다.

지금의 고통은 기쁨의 날을 준비하는 과정이라는 믿음으로 용기를 갖고 그 날을 기다리자. 고통 속의 절망이 '죽음에 이르는 병'이지만 고통 속의 기다림은 '기쁨에 이르는 믿음'으로 완성될 것이다.

차이(差異)

Ⅰ

　성경을 읽다 보면 같은 상황에 대해 서로 다른 기록이 되어 있는 사례가 있다. 특히 예수님의 생애와 말씀을 기록한 4복음서(마태복음, 마가복음, 누가복음, 요한복음)에도 동일한 사건에 대해 서로 차이가 있는 부분이 있다. 이 가운데 요한복음을 제외한 세 복음서를 같은 관점에서 기록되었다고 하여 공관복음서共觀福音書: Synoptic Gospel라고 하는데 이 복음서 사이에도 차이가 있다. 그러나 이러한 차이 때문에 성경의 본질과 역사적 사실이 훼손되는 것은 아니다. 다만 복음서를 기록한 사람들이 무엇에 더 중점을 두고 관찰했는지를 깊이 알아볼 수 있는 계기가 될 수 있다.

　우리가 세상을 살아가면서도 이러한 차이를 매일 경험한다.
　동일한 사건을 보도하는 언론이 대표적이다. 사회적 관심 사건에 대한 인쇄 매체와 영상 매체, 인터넷 매체의 기사 분량 차이, 언론사 성향에 따른 관점의 차이가 있지만 내용을 의도적으로 왜곡하지 않는 이상 내용의 핵심은 큰 차이가 없다.
　차이로 인한 국가간의 갈등이 더 나아가 전쟁으로 확대되는 경우도 있다. 6·25전쟁이 이념의 차이 때문에 발생한 대표적인 경우이다. 국가의 존재 목표인 국민의 풍요로운 생활과 안전의 보장은 어느 나라나 같지만 그 목표를 달성하는 목표의 차이 때문에 국가 간에 충돌하는 것이다.

II

욥의 친구 엘리바스는 욥에게 위로 대신 훈계를 한다. 욥이 세 친구와 한 싸이클의 논쟁을 한 이후에 엘리바스가 두 번째 말을 하기 시작한다. 세 친구들은 욥이 죄를 지었기 때문에 하나님으로부터 벌을 받은 것이라고 단정하였고, 욥은 자신이 이러한 고난을 받을 죄를 짓지 않았다고 반론을 펼친 첫 번째 싸이클이 마무리된 이후 두 번째 논쟁의 시작이다.

세 친구와의 첫 번째 논쟁을 마친 엘리바스는 욥이 자신들보다 더 지혜로운 사람이라고 말하는 것을 받아들일 수 없다고 생각하면서 다시 욥을 정죄하고 비난한다. 세 친구가 욥보다 연륜이 짧은 것도 아니고 어리석지도 않다는 반론이다.

> 우리 중에는 머리가 흰 사람도 있고 연로한 사람도 있고 네 아버지
> 보다 나이가 많은 사람도 있느니라 ｜욥기 15:10

‘머리가 흰 사람’은 히브리어로 שִׂיב(sib)로서 ‘백발이 성성한 노인’이라는 뜻이다. ‘연로한 사람’은 יָשִׁישׁ(yashish)로 ‘노인’을 말한다.

즉 머리가 흰 사람, 연로한 사람, 네 아버지보다 나이가 많은 사람이라는 표현은 공통적으로 나이가 많은 사람을 말하는 것으로서 노인을 강조하기 위해 서로 다른 표현을 반복하여 사용한 것이다. 세 친구들에 한정된 것이 아니라 전체 민족을 볼 때, 욥보다 연륜이 많은 사람들이 있다는 것을 강조하기 위한 것으로서 동일한 의미이지만 서로 표현이 다른 단어를 반복했다고 볼 수 있다.

참고로 엘리바스가 말을 시작하면서 "우리 중에는"이라고 하였는데 이는 세 친구를 말하는 것으로 보기 힘들다. 영국 캠브리지 대학 출판부가 1882년 발간한 Cambridge Bible for Schools and Colleges에서는 이를 "우리 족속 중에는"이라고 보아야 한다고 주장한다. 이 해석이 가장 설득력이 있다.

엘리바스는 욥에게 동일한 의미의 서로 다른 단어를 반복하여 사용함으로써 연륜이 높은 사람이 많이 있는데 모든 것을 경험한 연장자처럼 말하지 말라고 강하게 경고한 것이다.

III

성경의 핵심 중 하나가 예수의 부활과 더불어 그에 앞선 십자가에 고난을 당하며 죽으신 사건이다.

우리를 구원하고 십자가에 못 박혀 죽으신 예수 그리고 부활하고 승천한 예수는 기독교의 핵심이며, 본질이다. 만일 이 두 사건이 없었다면 예수는 여러 선지자 중의 한 명에 불과했을 것이며, 오늘날 기독교도 존재하지 않았을 것이다. 이렇게 중요한 십자가 사건임에도 불구하고 복음서별로 정확하게 일치하지 않는 기록이 남게 된 이유를 찾아본다.

십자가에 매달리신 예수에게 포도주를 준 것은 4복음서에 공통적으로 기술되어 있다. 하지만 그 포도주의 효능과 제공 목적은 서로 다르다. 또한 예수가 포도주를 마셨는지, 예수의 요청인지 아니면 군사들이 자발적으로 포도주를 제공했는지에 대한 기록도 서로 다르다.

> 몰약을 탄 포도주wine mixed with myrrh를 주었으나 예수께서 받지 아니하시니라 |마가복음 15:23

마가복음에서는 몰약을 탄 포도주로 표현하면서 예수께서 이를 거절했다고 기록하고 있다. 몰약을 탄 포도주는 십자가 사형수의 고통을 덜어주기 위해 처형 전에 주는 것으로서 마취제 성분이 들어 있다. 우리를 구원하시고 십자가의 무거운 짐을 진 예수가 죽음 앞에서 잠시 동안의 고통을 잊게 하는 마취제를 거절한 것이다. 마지막 순간까지 모든 고통을 스스로 짊어지고 가는 예수의 진정한 마음을 보여주는 사건이다.

쓸개 탄 포도주wine mixed with gall를 예수께 주어 마시게 하려 하

였더니 예수께서 맛보시고 마시고자 하지 아니하시더라 |마태복
음 27:34

마태복음은 "쓸개 탄 포도주"로 표현하면서 이를 예수께 주었지
만 맛보고 마시지 않았다고 기록하고 있다. '마이어의 헬라어 원문
해석'Meyer's NT Commentary에 따르면 쓸개 탄 포도주는 예수를 학
대하기 위한 목적으로 준 것이라고 한다. 십자가 위에 있는 예수
를 마지막 순간까지 조롱하고 마실 수 없는 쓸개 탄 포도주를 준
로마 병사들의 행태를 적나라하게 고발하는 기록이라고 본다.

군인들도 희롱하면서 나아와 신 포도주wine vinegar를 주며 |누
가복음 23:36

28. 내가 목마르다 하시니
29. 거기 신 포도주wine vinegar가 가득히 담긴 그릇이 있는지라 사
람들이 신 포도주를 적신 해면을 우슬초에 매어 예수의 입에 대니
30. 예수께서 신 포도주를 받으신 후에 이르시되 다 이루었다 하
시고 머리를 숙이니 영혼이 떠나가시니라 |요한복음 19:28-30

누가와 요한은 '신 포도주'라고 표현하면서 이를 예수가 받은 것
으로 기록하고 있다. 신 포도주를 준 것은 예수를 조롱하기 위함
이며, 이는 민수기에 기록된 여호와가 모세에게 말한 내용을 예수
가 어기도록 할 목적이라는 주장이 있다.

포도주와 독주를 멀리하며 포도주로 된 초나 독주로 된 초를 마시
지 말며 포도즙도 마시지 말며 생포도나 건포도도 먹지 말지니
|민수기 6:3

그러나 이는 로마 병사들이 구약 성경에 대해 능통했다는 전제
가 있어야 하므로 무리한 주장이다. 마태, 누가와 요한은 시편의
말씀을 기억하면서 구약의 말씀을 이루기 위한 예수의 행적으로
서 쓸개를 탄 포도주와 신 포도주를 기록했다고 본다.

그들이 쓸개를 나의 음식물로 주며 목마를 때에는 초를 마시게 하
였사오니 |시편 69:21

IV

우리는 살아가면서 서로의 차이 때문에 핵심적인 본질을 놓치는
경우가 있다. 더 나아가 그 차이로 인해 본질을 훼손하고 질서가
혼란스럽게 되는 경우도 있다. 가정 환경, 교육 배경, 나이, 종교,
결혼 유무, 재산, 성별과 성격 등이 서로 차이가 있음에도 불구하
고 우리들은 하나의 사회 공동체를 이루며 살아가고 있다. 사람들
은 혼자 살 수 없기 때문에 공동체를 이루는 것이다.

공동체의 핵심 본질은 공존이다. 공존의 원칙은 서로가 약속한
질서를 지키는 것이며, 서로의 차이를 인정하며 차별하지 않는 마

음이다.

4복음서를 기록한 마태, 마가, 누가, 요한은 십자가 죽음의 현장을 기록하면서 각자의 관점을 중심으로 예수에게 제공된 포도주를 설명했다. 이러한 기록의 차이가 예수의 십자가 죽음이라는 본질을 훼손하지는 않는다.

이렇듯 분명히 존재하는 차이 때문에 서로에게 상처를 주고 갈등을 일으킨다면 공동체의 공존은 힘들어진다. 우리나라는 남북한의 갈등을 비롯하여 지역 갈등, 세대 갈등에 이어 남녀의 성차별 갈등이 부각되는 상황이다. 서로의 차이를 근거로 자기 이익만을 추구하고 해결 과정의 불공정으로 발전하기 때문에 발생하는 현상이다.

엘리바스가 연장자를 강조하기 위해 서로 다른 표현을 사용한 사례와 같이 우리가 살아가면서 사람 사이의 분명히 존재하는 차이를 인정하고 서로의 부족함을 보충하는 아름다운 공존을 선택한다면 모두가 기쁜 공동체가 가능할 것이다.

몰약(myrrh)의 차이

개역개정 성경에서는 몰약으로, NIV 성경에서는 myrrh로 통일된 표기를 하지만 히브리어에서는 사용 목적에 따라 용어가 분명하게 구분이 된다.

몰약은 감람과橄欖科의 발삼나무 진액에서 채취된다.

성경에는 방부제, 향품, 향유, 마취제 등의 용도로 사용되는 것으로 기록되어 있다.

히브리어로 명확하게 구분되는 차이로 인하여 성경을 읽으면서 더 깊은 의미를 찾을 수 있다. 예를 들어 아기 예수의 탄생을 경배하기 위해 온 동방박사들이 예물로 드린 몰약은 통상적으로 향료, 향품으로 이해하기 쉽다. 그러나 히브리어로는 방부제이다. 단순한 탄생 축하 예물이 아니라 예수의 탄생이 곧 우리를 구원하기 위해 십자가의 죽음까지 담겨 있다는 점을 이 예물을 통해 예표하고 있다고 볼 수 있다.

- 마취제

  헬라어로 σμυρνίζω(smurnizo)로 표기된다.

  몰약을 탄 포도주를 주었으나 예수께서 받지 아니하시니라 |마가
  복음 15:23

- 방부제

  헬라어로 σμύρναν(smurna)로 표기된다.

  집에 들어가 아기와 그의 어머니 마리아가 함께 있는 것을 보고 엎
  드려 아기께 경배하고 보배합을 열어 황금과 유향과 몰약을 예물
  로 드리니라 |마태복음 2:11

  일찍이 예수께 밤에 찾아왔던 니고데모도 몰약과 침향 섞은 것을
  백 리트라쯤 가지고 온지라 |요한복음 19: 39

- 향유/향품

  히브리어로 מֹר(mor)로 표기된다.

22. 여호와께서 모세에게 또 말씀하여 이르시되
23. 너는 상등 향품을 가지되 액체 몰약 오백 세겔과 그 반수의 향
    기로운 육계 이백오십 세겔과 향기로운 창포 이백오십 세겔과
24. 계피 오백 세겔을 성소의 세겔로 하고 감람 기름 한 힌을 가지고

25. 그것으로 거룩한 관유를 만들되 향을 제조하는 법대로 향기름을 만들지니 그것이 거룩한 관유가 될지라 ㅣ출애굽기 30:22-25

처녀마다 차례대로 아하수에로 왕에게 나아가기 전에 여자에 대하여 정한 규례대로 열두 달 동안을 행하되 여섯 달은 몰약 기름을 쓰고 여섯 달은 향품과 여자에게 쓰는 다른 물품을 써서 몸을 정결하게 하는 기한을 마치며 ㅣ에스더 2:12

왕의 모든 옷은 몰약과 침향과 육계의 향기가 있으며 상아궁에서 나오는 현악은 왕을 즐겁게 하도다 ㅣ시편 45:8

오류(誤謬)

I

오류는 분야에 따라 다양하게 사용되는 용어이다.

철학에서는 허위와 같은 개념이며 참이 아닌 것을 참이라고 하는 의미로서 진리의 반대개념이다. 논리학에서는 바르지 못한 논리적 과정으로 겉으로는 바르게 보이지만 틀린 추리를 의미한다. 컴퓨터 공학에서는 기계적 결함과 인간이 저지른 실수를 묶어 오류로 칭한다.

오류는 결함이며, 정확한 이해와 판단을 방해하는 것으로 정리할 수 있다. 이 가운데 단어 사용의 오류, 해석의 오류는 진리를 왜곡하며 본질을 훼손하는 치명적인 문제가 있다.

우리가 교회에서 듣는 단어들 가운데 상당 부분은 일반 사회에서는 전혀 사용하지 않는 것들이 있으며, 그 단어들 가운데는 믿음의 본질과 상반되는 것들이 있다.

가장 대표적인 단어가 '흠향'歆饗이다.

목회자나 장로가 예배에서 기도를 하면서 "저희의 기도를 흠향하여 주시고"라는 표현을 할 때가 있다. 이 단어의 뜻은 '조상이

제상에 차려진 제사 음식을 받아들이는 행위'이다. 즉 죽은 조상을 추모하는 제사상 위에 놓인 제사 음식을 조상이 받아먹는다는 뜻이다.

여호와 하나님은 영원하며, 어디에든 계시며, 변치 않으신 존재인데 잘못된 단어를 사용함으로써 하나님을 죽은 존재로 만들어 버리는 오류를 저지르게 된다.

흠향이라는 단어는 개역개정 성경을 기준으로 한번 등장한다.

> 내가 너희의 성읍을 황폐하게 하고 너희의 성소들을 황량하게 할 것이요 너희의 향기로운 냄새를 내가 흠향하지 아니하고 |레위기 26:31

흠향으로 번역된 이 단어는 히브리어로 רוח(ruach)로서 '받아들이다, 냄새 맡다, 만지다, 재빨리 이해하다'라는 의미이다. 성경 번역자가 흠향이라는 단어를 향기를 맡는다는 정체불명의 단어로 착각했거나 제사 음식을 받아들이는 행위라는 단어의 의미를 이해하지 못한 것으로 보인다.

II

욥기는 가장 위대한 문학작품의 하나로 평가되며, 아름답고 장대한 시문학으로 평가되기도 한다. 다른 한편으로는 고난을 받은 욥과 그 친구들의 논쟁이 하나님을 재판장으로 하는 법정 다툼이라는 측면에서 각각의 주장이 매우 논리적인 재판기록과도 유사하다. 다양하고 풍부한 어휘가 사용되고 있으며, 비유를 통해 풍부한 상상을 할 수 있도록 하기도 한다.

이러한 욥기 가운데 가장 이해하기 힘든 구절이 등장한다. 그리고 성경학자들마다 이에 대한 주장과 해석을 다양하게 제기하기도 한다.

> 가슴 속의 지혜는 누가 준 것이냐 수탉에게 슬기를 준 자가 누구냐 | 욥기 38:36

'가슴 속의 지혜'와 '수탉에게 슬기'는 서로 대비되지 않는 뜬금없는 번역으로 보인다. 히브리어 성경을 가장 충실하게 영어로 번역했다고 알려진 ESV 성경은 이 부분을 이렇게 소개한다.

> Who has put wisdom in the inward parts or given understanding to the mind?

이 구절을 가장 잘 번역한 성경이 온누리교회가 사용하는 우리말 성경이다.

누가 속에 지혜를 두었느냐? 누가 마음속에 지각을 주었느냐?

ESV 성경의 각주에는 the inward parts는 in the ibis(따오기)로, the mind는 rooster(수탉)로 대체할 수 있지만 히브리어 단어로 이렇게 사용된 경우가 드물다는 한계를 지적하고 있다.

대체한 단어로 번역한다면 "누가 따오기에게 지혜를 주었느냐? 누가 수탉에게 지각을 주었느냐?"가 된다. 이 구절의 전후 문맥으로 볼 때 모두 자연 현상으로 비유하였기 때문에 이렇게 번역한다면 설득력이 있어 보인다. 독일 성서공회가 발간한 성경을 우리말로 번역한 '관주 해설 성경전서'에서도 이러한 번역이 타당하다고 설명되어 있다.

또한 일본어 성경인 신공동역 성경에서도 따오기와 수탉으로 번역하고 있다.

誰が鴇に知恵を授け／誰が雄鶏に分別を与えたのか

이런 다양한 성경 번역 사례로 볼 때, 개역개정 성경의 번역은 오류로 보인다. 이러한 번역의 오류는 성경을 읽을 때 혼란을 유발하는 원인이 된다.

III

외국어를 자국어로 번역하는 일은 매우 어려운 작업이다.

한 단어에도 여러 가지 의미가 있으며, 문화, 역사, 사고방식 등의 차이를 극복하고 번역을 통해 원문의 의미를 정확하게 자국어로 옮기는 것은 쉬운 일이 아니다. 이러한 차이 때문에 번역의 오류가 발생하고, 그 오류를 전후 문맥에 대한 판단이 없이 맹목적으로 수용하여 본래의 의미와는 전혀 다르게 해석하는 문제도 발생한다.

비판을 받지 아니하려거든 비판하지 말라 ｜마태복음 7:1

비판批判, 비난非難, 비방誹謗은 확실히 구분되는 용어이다. 하지만 이를 제대로 구분하지 않고 사용하기도 하며, 올바른 비판을 비난이나 비방으로 받아들이는 경우도 있다.

이 세 용어의 국어사전적 의미를 정리해본다.

비판은 '현상이나 사물의 옳고 그름을 판단하여 밝히거나 잘못된 점을 지적함'이라는 의미이다. 비난은 '남의 잘못이나 결점을 책잡아서 나쁘게 말함'이라는 의미이며, 비방은 '남을 비웃고 헐뜯어서 말함'이다.

위의 번역된 성경을 따른다면 비판을 하지 않아야 하고 그래야 비판을 받지 않는다는 논리가 성립된다. 비판이 없는 단체, 사회,

국가는 올바르게 발전할 수 없다. 사람은 완전무결하지 않기 때문에 실수, 착오, 욕심 등으로 잘못된 결정을 할 수 있으며, 이러한 것을 바로 잡는 출발은 비판이다.

그렇다면 예수는 어떤 의미로 이 말씀을 했는지 알아보자. 개역개정 성경에서 비판으로 번역되었지만 헬라어는 κρίνω(krino)으로 '심판하다, 비난하다, 생각하다' 등의 의미이다.

공동번역과 현대인의 성경에서는 "판단"으로, 새번역성경에서는 "심판"으로 번역되었으며, 영어 성경에서는 심판하다는 의미의 judge로 번역된 경우가 많다. 또한 Meyer는 이를 '비난하는 판단'의 의미라고 주장한다. 헬라어 κρίνω(krino)가 같은 마태복음 19:28과 요한복음 3:18에서는 "심판하다", 누가복음 7:43, 요한복음 7:24에서는 "판단하다" 등으로 번역된 것을 고려한다면 이 두 의미가 더 정확하다고 본다.

이를 "비판"으로 번역함으로써 일부 교회에서는 비판을 죄악시하고, 교회의 부당한 결정에도 불구하고 순종을 강요하는 문제도 발생한다.

IV

오류를 방치하거나 인지하지 못하면 치명적인 결과가 발생할 수 있다. 대표적으로 컴퓨터 프로그램의 오류로 인해 발생하는 사회적인 문제가 있다. 시험에서 불합격자에게 합격 통지가 되고 합격자는 탈락하는 문제도 발생했다. 컴퓨터로 제어되는 시스템이 해킹, 바이러스 감염 등으로 오류가 발생하여 사회와 경제에 심각한 위협이 발생한 사건도 있었다.

기계적 오류로 인해 미사일이 발사되어 피해가 발생하기도 했고, 정책 판단의 오류로 국민이 어려움을 겪는 경우도 있다. 이를 막기 위해서는 오류의 원인을 찾아 제대로 작동하거나 판단하도록 하는 조치가 필수적이다.

성경이 무오류라는 점에는 동의한다. 하지만 성경 번역의 오류까지 포함하여 무오류라고 주장하는 것은 무리가 있다. 또한 성경 번역의 오류가 지적되지 않고 비판을 받지 않아 그대로 방치되는 경우도 있다. 예배에서 사용하는 단어도 보다 신중하게 확인한 후에 말할 필요가 있다.

그릇된 것을 지적하여 바르게 나가도록 하는 것을 비판이라고 볼 때, 성경 번역의 오류를 인식하지 못하여 이러한 비판마저 회피한다면 오류는 지속되고 확산된다.

성경학자, 목회자는 물론 평신도들도 성경 말씀을 접하면서 번역의 오류를 지적하여 바르게 고쳐나가는 노력이 필요하다. 그렇게 된다면 말씀의 진리가 올바르게 확산되는데 이바지할 것이다.

배반(背反)

I

배반은 믿음과 의리를 저버리고 돌아선다는 뜻이다.

세상을 살아가면서 배반을 당한 사람은 마음의 고통이 크며, 배반을 한 사람에게 양심이 있다면 자신이 감당하는 정신적 고통이 클 것이다.

성경에서 가장 유명한 배반의 사건은 예수의 제자인 가룟 유다가 예수를 판 사건이며, 이 일로 말미암아 예수는 십자가에 못 박혀 고통스러운 죽음을 맞게 된다. 또한 가룟 유다도 예수를 판 행위에 대해 "내가 무죄한 피를 팔고 죄를 범하였다(마태복음 27:4)"고 고백하면서 스스로 목매어 죽었다.

또 하나의 커다란 배반은 아담과 이브의 선악과 사건이다. 아담과 하와는 뱀의 유혹에 빠져 하나님이 말씀한 것을 어기고 선악과를 따먹게 된다.

동산 중앙에 있는 나무의 열매는 하나님의 말씀에 너희는 먹지도 말고 만지지도 말라 너희가 죽을까 하노라 하셨느니라 | 창세기 3:3

에덴동산에 있는 모든 나무의 열매는 먹어도 되나 오직 동산 중앙에 있는 나무의 열매 즉 선악과는 먹지 말라고 하였음에도 불구하고 유혹에 빠져 하나님의 명을 어김으로서 원죄를 짓게 된다. 이것이 최초의 인류인 아담과 하와가 하나님을 배반하는 사건이다.

II

욥은 세 친구들과 논쟁을 하면서 은연중에 직접 하나님을 원망하는 말을 한다. 욥의 품성에 대해서 욥기의 첫 구절부터 기록하고 있으며 이 표현은 여호와 하나님의 입을 통해서도 욥기의 앞부분에 두 차례나 반복하여 소개되고 있다.

온전하고 정직하여 하나님을 경외하며 악에서 떠난 자 | 욥기 1:1,
1:8, 2:3

여기에서 중요하게 설명된 4개 단어의 히브리어의 의미를 정리해 보겠다.

'온전하다'는 תָּם(tam)으로 '떳떳한', '완전한', '완벽한', '죄가 없는', '진실한'이라는 의미를 갖고 있다.

'정직하다'는 יָשָׁר(yashar)으로 '(도적적으로) 올바른', '똑바른', '곧은', '양심적인'이라는 의미가 담겨 있다.

'경외하다'는 יָרֵא(yare)으로 '두려워하는'이라는 뜻으로 사용된다.

'악'은 רַע(ra)로서 '사악', '악마', '고통', '재앙', '(마음의) 상처' 등의 의미가 있는 단어이다.

이를 종합해본다면 욥은 하나님이 흡족할 만큼 모든 면에서 하나님의 뜻대로 살아온 사람임을 알 수 있다. 그러기에 사탄이 욥의 자녀와 재산을 모두 잃게 한 이후에 여호와 하나님은 사탄에게 말하며 욥의 믿음을 높이 평가하고 있다.

> 여호와께서 사탄에게 이르시되(중략) 네가 나를 충동하여 까닭 없이 그를 치게 하였어도 그가 여전히 자기의 온전함을 굳게 지켰느니라 |욥기 2:3

하지만 자신의 건강마저 잃고 친구들이 자신을 공격하자 욥은 하나님의 기대와는 전혀 다른 입장을 밝히기 시작한다. 자신이 이 땅에 태어난 것을 저주하고, 하나님이 자신을 끊어 버릴 것이라고 단정하기도 하며, 하나님이 자신의 말을 들어 주지 않는다고 불평하면서 친구들에게 한탄하기도 한다. 원인과 이유도 모른 채 갑자기 최악의 상황에 처한 욥은 자신에 대한 하나님의 믿음을 배반하게 된 것이다.

욥은 하나님에게 기도를 하면서 자신의 억울함을 말할 기회를 달라고 간청한다.

> 주는 나를 부르소서 내가 대답하리이다 혹 내가 말씀하게 하옵시고 주는 내게 대답하옵소서 |욥기 13:22

하지만 친구들과의 계속되는 길고 긴 논쟁 과정에서 가슴속에 있는 분노와 좌절 그리고 친구들에 대한 배반감으로 하나님의 존재에 대해 격하게 말을 한 욥에게 하나님이 폭풍우 가운데 욥에게 말씀하기 시작한다. 그리고 하나님은 이 세상의 창조 질서부터 자연의 모든 원리와 관계를 직접 설명하고 욥은 그토록 원했던 하나님에게 자신의 주장을 말할 기회를 얻게 된다.

욥은 하나님에게 자신이 당한 억울한 일에 대해 항변하기보다는 스스로의 잘못을 고백한다. 그리고 그동안 행한 자신의 언행에 대해 통렬하게 회개하게 된다.

5. 내가 주께 대하여 귀로 듣기만 하였사오나 이제는 눈으로 주를 뵈옵나이다
6. 그러므로 내가 스스로 거두어들이고 티끌과 재 가운데에서 회개하나이다 |욥기 42:5-6

III

배반의 사전적 관점을 떠나 베드로를 비롯한 예수의 제자들은 예수를 인간적으로 배반하였다.

예수는 제자들과 마지막 만찬을 하면서 유다가 예수를 팔 것과 제자들이 다 예수를 버릴 것은 물론 베드로가 오늘 밤 닭 울기 전에 예수를 세 번 부인할 것을 말씀했다.

그때 예수께서 제자들에게 이르시되 오늘 밤에 너희가 다 나를 버리리라 기록된 바 내가 목자를 치리니 양의 떼가 흩어지리라 하였느니라 | 마태복음 26:31

베드로는 모두 주를 버릴지라도 자신은 결코 버리지 않겠다고 호언한다. (마태복음 26:33) 나머지 제자들도 주와 함께 죽을지언정 주를 부인하지 않겠다고 장담했다. (마태복음 26:35)

하지만 가룟 유다가 배반하여 대제사장과 백성의 장로들에게서 파송된 큰 무리가 칼과 몽치를 들고 예수를 잡으러 오자 그 자리에 있던 모든 제자들이 예수를 버리고 도망하였다. 베드로는 예수가 잡혀가자 멀찍이 예수를 따라 대제사장의 집 뜰까지 가서 그 결말을 보려고 그 집의 하인들과 함께 앉아 있었다. 그때 그 집의 여종이 베드로에게 예수와 함께 있었다고 말하며 베드로를 알아보자 베드로는 이를 강력하게 부인한다.

베드로는 심지어 이렇게 말하기도 했다.

그가 저주하며 맹세하여 이르되 나는 그 사람을 알지 못하노라 하니 곧 닭이 울더라 | 마태복음 26:74

그제서야 베드로는 "닭이 울기 전에 네가 세 번 나를 부인하리라"는 말씀이 생각나서 밖으로 나가서 심히 통곡하며 회개하게 된다. (마태복음 26:75)

도망을 간 제자들과 베드로는 예수의 십자가 형장에 나타나지도 않았다. 예수의 제자였다는 사실이 밝혀져 자신들도 예수와 같은 죽음을 당할 것이 두려웠기 때문이라고 본다. 하지만 인간적인 두려움으로 예수를 부인하고 도망간 제자들에게 예수는 부활하여 다시 만날 것을 약속한다.

그러나 내가 살아난 후에 너희보다 먼저 갈릴리로 가리라 |마태복음 26:32

IV

하나님이 금지한 선악과를 따먹고 눈이 밝아져 자신이 벗은 줄 알게 된 하와는 무화과나무 잎을 엮어 치마로 입었다. 하나님은 심판을 선언하면서도 부끄러움을 알게 된 아담과 하와를 위해 가죽옷을 지어 입혔다.(창세기 3:21) 하나님의 명을 어기고 믿음을 배반한 그들에게 가죽옷을 지어 입히는 사랑을 베푼 것이다.

제자 가룟 유다의 배반으로 예수가 잡히자 모두 예수를 부인하며 도망간 제자들을 부활한 이후에 살아 있는 열한 제자들을 약속한 갈릴리에서 직접 만났다. 그리고 "너희에게 평강이 있을지어다(요한복음 20:19)"라고 축복을 한 후에 제자들이 앞으로 해야 할 일을 말했다.

18. 예수께서 나아와 말씀하여 이르시되 하늘과 땅의 모든 권세를

내게 주셨으니

19. 그러므로 너희는 가서 모든 민족을 제자로 삼아 아버지와 아

들과 성령의 이름으로 세례를 베풀고

20. 내가 너희에게 분부한 모든 것을 가르쳐 지키게 하라 볼지어

다 내가 세상 끝날까지 너희와 항상 함께 있으리라 하시니라

| 마태복음 28:18-20

그 제자들이 열방으로 흩어져 복음을 전하게 되었고, 오늘날 우리가 구원의 축복을 받을 수 있는 디딤돌이 되었다.

배반하였어도 진정으로 회개하고 돌아선다면 예수의 제자들과 같이 하나님 나라를 위한 귀한 쓰임을 할 수 있게 될 것이며, 욥과 같이 하나님 앞에서 철저한 회개를 거쳐 곱절의 은혜를 받는 축복을 누릴 수 있을 것이다.

배반을 하지 않는 것이 최선이다. 그러나 두려움과 탐욕으로 배반을 했다면 스스로 돌이키며 회개함으로써 배반한 사람이 받는 고통에서 자유로워진다는 진리를 잊지 말아야겠다.

의심(疑心)

I

의심은 '확실하게 알 수 없어서 믿지 못하는 마음'이다.

비전성경사전에서는 "불확실성이나 불신앙 또는 자신을 위탁하기를 꺼려함이며, 성경에서의 의심은 하나님의 약속에 대한 망설이는 태도"라고 설명한다.

의심하는 자는 마치 바람에 밀려 요동하는 바다 물결 같으니
|야고보서 1:6

의심하는 사람의 마음을 가장 적절하게 표현한 성경 구절이다. 의심은 믿음을 흔들거나, 아예 믿음을 갖지 못하게 하는 부정적인 마음 상태이다.

그러나 의심의 긍정적 측면이 있다.

세상을 살아가면서 의심이 없다면 더 큰 재난을 당할 수도 있다. 예를 들어 한밤중에 도로를 달리는 차량이 정상적인 차선을 벗어나며 주행하고 있다면 교통경찰은 음주 운전일 수도 있다는 판단을 하고 정차시킨 후 음주 측정을 할 수 있다. 이러한 단속 행위는 경찰관의 합리적 의심을 바탕으로 한다.

상식을 벗어나는 과장된 내용으로 소비자와 투자자를 현혹하는 광고도 의심의 대상이다. 고수익 보장 투자 유치나 최저가 판매 등의 광고는 의심을 갖고 세세하게 내용을 점검할 필요가 있다. 이는 상식적 의심이다.

기존의 생각을 지배한 고정관념에 대한 의심은 새로운 세계를 여는 계기가 되기도 한다. 그리고 이러한 의심은 과학기술의 발전을 위한 출발이 된다. 마젤란이 지구를 한 바퀴 돈 항해 이전까지 지구 구형설은 객관적으로 입증되지 않았다. 아리스토텔레스 이래 수많은 철학자와 과학자들이 가설로 구형설을 입증했었으나 실증되지는 않았다. 오늘날에는 인공위성에서 촬영한 지구 사진으로 지구 구형설이 입증되고 누구도 이를 의심하지 않지만 이러한 결과 이전에는 평면 지구설이 대세였다. 과학적 의심이 잘못된 고정관념을 바꾸는 계기가 되었다.

II

욥의 세 친구들은 욥이 엄청난 고난을 당한 원인은 욥이 죄를 지었기 때문이라고 의심을 하였다. 그리고 그 의심을 바탕으로 욥이 죄를 지었다는 것을 입증하기 위한 논증을 하였다. 자신들의 관점에서 보면 욥이 당한 엄청난 고난의 결과는 오직 욥이 하나님께 죄를 지었기 때문에 발생한 것이라고 단정하였기 때문이다.

생각하여 보라 죄 없이 망한 자가 누구인가 정직한 자의 끊어짐이
어디 있는가 |욥기 4:7

찾아온 친구들 가운데 가장 나이가 많았던 엘리바스가 욥을 향
한 단정적인 규정이다. '바네스 성경주석'Barnes' Notes on the Bible
에서는 이를 두고 "결백한 사람은 결코 멸망하지 않는다는 것이
하나님 나라의 확고한 원칙이며, 큰 재난은 큰 죄의 증거"라는 엘
리바스의 관점을 강조한 것이라고 본다. 이를 보면 엘리바스는 욥
이 당한 재난은 욥이 결백하지 않고, 큰 죄를 지었다는 의심을 갖
고 있다는 것이다.

네 자녀들이 주께 죄를 지었으므로 주께서 그들을 그 죄에 버려두
셨나니 |욥기 8:4

친구 빌닷이 욥의 모든 자녀들이 사망한 이유를 이렇게 단정한
다. 아무 근거도 없이 오직 하나님께 죄를 지었기 때문에 자녀들이
사망했다는 의심이다. 물론 인간은 모두 죄를 짓고 있으며, 아담과
하와가 지은 선악과 원죄 속에 살고 있는 것은 분명하다. 하지만
욥의 친구 빌닷의 주장이 이런 차원과는 다른 주장이다.
'길 성경전서 설명'Gill's Exposition of the Entire Bible은 빌닷의 이런
주장이 "의심할 여지없이 자녀들이 매우 악명 높은 죄를 지었으므
로 하나님이 정당하게 처벌했다"는 관점이라고 보았다.

하나님은 허망한 사람을 아시나니 악한 일은 상관하지 않으시는
듯하나 다 보시느니라 |욥기 11:11

친구 소발은 그의 격한 품성과는 달리 이 말은 상당히 둘러대는
표현을 했다. 하지만 하나님은 죄인을 다 알고 있으며, 친구인 욥
도 이 죄인 중의 한 명이라는 주장이다.

개역개정 성경에서 "허망한" 사람으로 번역되었으나 히브리어로
는 **אִוֶשׁ**(shav)로서 '길 성경전서 설명'에 따르면 허영심, 공허함,
위선, 거짓, 죄악을 의미한다. 소발의 둘러댄 표현은 욥의 품성을
극단적으로 매도하면서 품성이 그렇기 때문에 죄의 결과로 큰 고
난을 당했다고 의심하는 것이다.

욥에 대한 세 친구의 의심은 오로지 욥이 당한 재난의 결과를
놓고 판단한 것이다. 하지만 그들의 의심은 하나님이 욥을 바라보
는 시선과는 정반대였다. 의심의 결과가 친구 욥의 실체는 물론 하
나님의 진실을 놓치게 만들었다.

III

성경에서 가장 유명한 의심의 사례는 예수의 제자 베드로에서
찾을 수 있다.

26. 제자들이 그가 바다 위로 걸어오심을 보고 놀라 유령이라 하며 무서워하여 소리 지르거늘

27. 예수께서 즉시 이르시되 안심하라 나니 두려워하지 말라

28. 베드로가 대답하여 이르되 주여 만일 주님이시거든 나를 명하사 물 위로 오라 하소서 하니

29. 오라 하시니 베드로가 배에서 내려 물 위로 걸어서 예수께로 가되

30. 바람을 보고 무서워 빠져 가는지라 소리 질러 이르되 주여 나를 구원하소서 하니

31. 예수께서 즉시 손을 내밀어 그를 붙잡으시며 이르시되 믿음이 작은 자여 왜 의심하였느냐 하시고 |마태복음 14:26–31

베드로의 의심 사건 이전에 서로 성격이 다른 두 개의 큰 잔치가 있었다. 그리고 이 큰 잔치를 통해 예수와 그 제자들의 마음을 짐작해 볼 수 있다.

첫 번째 잔치는 예수의 전령자로 이 땅에 온 세례 요한의 죽음이 발생한 분봉왕 헤롯의 생일잔치이다. 이 잔치에서 세례 요한은 그 잔치의 제물로 죽임을 당한다. 세례 요한과 예수는 출생에서부터 예수의 공생애를 시작할 때까지 예수의 길을 예비해 온 세례 요한의 죽음 소식을 예수께서 들으시고 배를 타고 홀로 빈 들로 갔다. 아마도 예수는 자신의 운명과 병행점에 있는 세례 요한의 죽음 소식을 듣고 이 땅을 구원하러 온 자신의 막중한 사명을 재

차 확인하는 심정이었을 것이다. 또한 인간으로서 깊은 관계에 있던 세례 요한의 죽음에 대한 슬픔도 컸을 것이다.

빈 들에서 기도를 하려는 계획이었지만 사람들은 이 소식을 듣고 여러 고을 사람들이 예수가 있는 곳으로 모여들었다. 그곳에서 예수는 병자를 고치시고(마태복음 14:14) 여러 가지를 가르치고(마가복음 6:34) 하나님 나라의 일을 이야기하였다.(누가복음 9:11) 저녁때가 되었지만 빈 들이기에 그 많은 사람들이 먹을 방법이 없자 예수는 다섯 덩이의 떡과 물고기 두 마리를 축사한 후에 그곳에 모인 사람 모두가 큰 잔치와 같은 식사를 할 수 있었다. 세례 요한이 죽임을 당한 헤롯의 잔치와 다른 차원의 잔치가 된 것이다. 이 잔치가 널리 알려진 오병이어五餠二魚의 기적 사건이다. 이 사건 직후 예수는 제자들을 재촉하여 바다 건너 벳새다로 가도록 하였고 자신은 홀로 산에 올라가 기도를 하였다.

베드로를 비롯한 제자들은 배를 타고 바다를 건너는 중에 풍랑을 만나 고난을 당하였다. 이때 예수가 바다 위로 걸어서 제자들에게 오자 제자들은 유령이라며 놀라서 소리를 질렀다. 그러자 예수는 "안심하라 나니 두려워 말라(마태복음 14:27)"고 하며 제자들을 안심시켰다. 베드로는 예수의 음성을 듣고도 의심스러워 했다. 이 사건 직전에 있었던 오병이어의 기적을 비롯하여 예수가 베푼 여러 기적을 직접 목격하였고, 베드로의 요청과 같이 자신이 물 위를 걷는 놀라운 기적을 체험하는 그 순간에도 이를 의심했던 것이다.

IV

베드로의 경우와 같이 자신이 직접 목격하고 증명된 사실에 대해서도 의심하는 사람이 있다. 그러하니 단순하게 전해 들은 말에 대해 믿음을 갖기 어려운 경우도 많이 있다. 특히 성경을 읽다 보면 일반적인 상식으로 판단하여 이해하기 어려운 내용이 있을 수 있다. 의심스러운 생각이 들어 성경을 멀리하고 외면하는 이유가 될 수 있다.

널리 알려진 노아의 홍수 사건을 보면서 그가 의인이며, 완전한 자이고 하나님과 동행하는 자이지만 왜 하나님은 방주에 노아의 부모와 조부모를 태우라고 명하지 않았을까 하는 의심을 가진 적이 있다. 이에 대해 의심을 하면서도 다른 한편으로는 하나님의 뜻이 분명히 있을 것이라는 생각을 하여 노아의 족보를 찾아보았다. 인터넷 어디에서도 그런 족보가 눈에 들어오지 않았기 때문에 성경을 근거로 아담부터 예수에 이르는 족보를 한 달여에 걸쳐 만들었다.

족보를 완성하고 놀라운 사실을 확인했다. 노아의 홍수가 있던 해에 노아의 할아버지인 므두셀라Methuselah가 소천했고, 노아의 아버지인 라멕Lamech은 홍수 발생 5년 전에 소천했음을 확인할 수 있었다. 즉 노아의 홍수가 시작되었을 때, 방주에 태울 할아버지와 아버지는 이 세상에 없었다.

　이 의심 사건 이후에 그토록 찾으려고 했던 족보들이 인터넷에 많이 있다는 사실을 알게 됐다. 의심의 마음으로 찾았기 때문에 그 정보들이 눈에 들어오지 않았던 것으로 생각된다.

　이 작은 경험은 의심으로 출발했지만 성경에 대한 확신으로 전환된 계기였다. 살아가면서 의심의 마음을 갖는 것은 당연하다. 의심이 검증과 확인을 통해 해소되면 큰 신뢰가 생기게 된다.

　처음 교회에 출석하면서 성경을 읽을 때, 생소하기도 하고 의심스러운 부분들이 자주 발견될 것이다. 당연한 현상이다. 하지만 말씀을 듣고, 깊이 성경 공부를 하는 과정을 통해 의심이 확신으로 전환되는 순간들이 기쁨의 시간이 될 것이다.

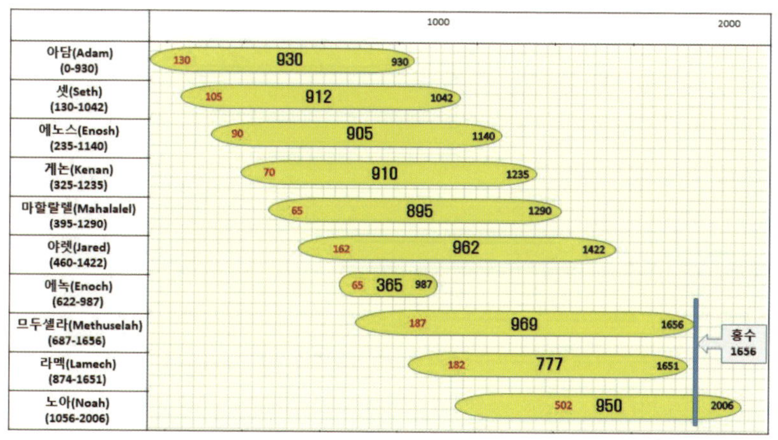

- 비유
- 용기
- 생명
- 회복
- 정의

제4장

가치(價値)

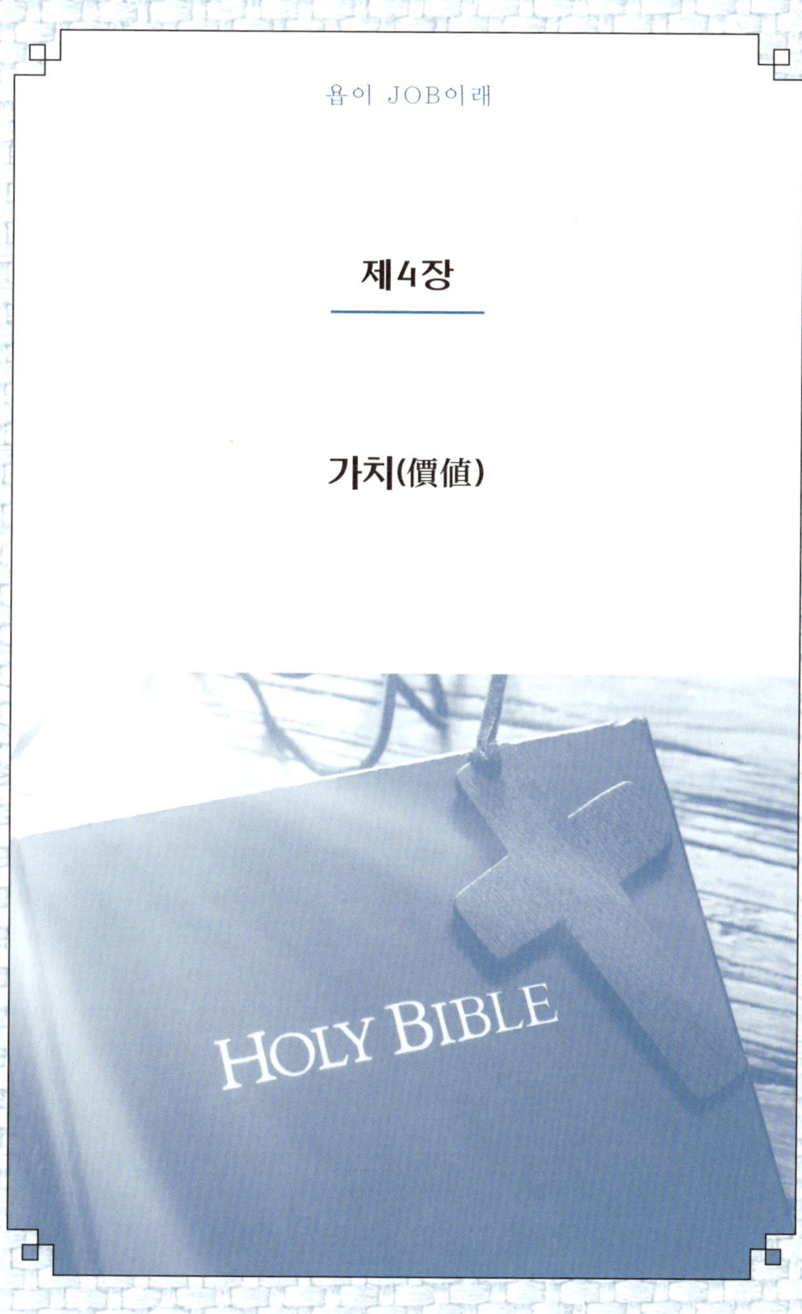

비유(比喩)

I

비유는 사물, 현상, 상황 등을 명확하게 이해할 수 있도록 하거나 자신의 생각을 상대방에게 완곡하게 전하고자 할 때 많이 사용된다.

많이 알려진 비유법으로 직유법과 은유법이 있다.

직유법은 비슷한 특성을 가진 두 가지 사례를 직접적으로 비교하여 설명하는 방식이다. 우리 속담의 재물을 잘 사용하라는 의미인 "개같이 벌어 정승처럼 쓴다"가 예가 될 수 있다.

은유법은 "A는 B다"라는 형식으로 평온한 자신의 마음을 표현하는 "내 마음은 호수요"가 좋은 예이다.

잘 사용된 비유는 전혀 알지 못했던 내용을 알기 쉽게 이해할 수 있게 해준다. 또한 비유의 한 방식인 풍자는 웃음을 주기도 하며, 풍자 형식의 날카로운 지적을 통해 잘못을 바로잡을 수 있게 한다.

비유의 반대가 직설直說이다. 직설은 명쾌하다.

또한 직설적으로 감정적인 표현을 할 경우에 상대방의 감정을 즉시 자극하여 갈등이 깊어지고 충돌이 될 수도 있다.

하지만 비유로 경고의 말을 하게 되면 준엄하게 하지만 상대방이 그 진정한 의미를 깨닫는 완충의 시간을 가질 수 있다.

II

욥과 세 친구들은 격렬하게 직설적인 대화를 주고받는다. 이 대화 내용을 보면 친구들 사이에서 오가기 힘들 정도로 격한 표현으로 서로의 감정을 자극하고 있다.

욥의 친구인 빌닷은 욥에게 강하게 질책하며 말한다.

어찌하여 우리를 짐승으로 여기며 부정하게 보느냐 |욥기 18:2

친구 빌닷이 이런 말을 하자 욥도 역시 감정적으로 대답한다.

너희는 나를 헛되이 위로하려느냐 너희 대답은 거짓일 뿐이니라
|욥기 21:34

이러한 욥의 대답에 대해 또 다른 친구인 엘리바스는 욥을 향해 극언에 가까운 말로 질책한다.

네 악이 크지 아니하냐 네 죄악이 끝이 없구나 |욥기 22:5

어려운 처지에 있는 욥을 위로하기 위해 찾아온 친구들의 말이 오히려 욥의 마음에 큰 상처를 주는 직설적인 표현들이다. 또한 이런 친구들의 말을 들은 욥도 친구들에게 섭섭한 감정을 숨기지 않고 직설적으로 대답한다. 친구들의 대화라고 생각되지 않을 정도

로 분노의 감정이 그대로 담긴 대화이다.

오랜 시간 동안 욥과 세 친구들의 대화를 듣고 있던 나이 어린 엘리후가 욥과 세 친구들에게 화를 내며 이들에게 충고의 말을 시작한다. 엘리후가 화를 낸 이유는 욥이 하나님보다 자기가 의롭다 함이며, 세 친구들은 능히 대답하지 못하면서 욥을 정죄했기 때문이다. 욥기 32:2-3

욥과 세 친구 사이에 길게 되풀이된 논쟁의 핵심을 정확하게 정리하여 나이가 많은 네 명을 질책한 것이다. 엘리후는 비유로 말을 잘 분별하라고 네 명에게 질책이 담긴 요구를 한다.

입이 음식물의 맛을 분별함과 같이 귀가 말을 분별하나니 | 욥기 34:3

엘리후의 이 표현은 앞서 소발의 첫 번째 말에 대한 욥의 대답에서 나온 말도 동일한 의미이다.

입이 음식의 맛을 구별함 같이 귀가 말을 분간하지 아니하느냐 | 욥기 12:11

음식의 맛을 '분별'하다는 히브리어는 טָעַם(taam)으로서 '맛을 안다'는 의미로서 미각을 뜻한다. 말을 '분별' 또는 '분간'한다는 히브리어로 בָּחַן(bachan)으로서 무엇이 올바른 것인지 면밀히 살핀다는 의미를 갖고 있다. 즉 귀로 듣는 말을 분별한다는 의미는 단순히 청각의 의미를 넘어 이성적 판단이 포함된 의미이다.

엘리후는 비유를 통해 자신의 말을 듣는 욥과 세 친구들에게 이성을 갖고 판단하라고 요구하는 것이다.

III

예수는 기르치거나 대답하는 과정에서 비유 방식을 통한 표현을 많이 사용하였다.

33. 예수께서 이러한 많은 비유로 그들이 알아들을 수 있는 대로 말씀을 가르치시되
34. 비유가 아니면 말씀하지 아니하시고 다만 혼자 계실 때에 그 제자들에게 모든 것을 해석하시더라 | 마가복음 4:33-34

그리고 이러한 비유를 많이 사용할 것이라는 사실은 이미 에스겔 선지자를 통하여 예언되었다.

인자야 너는 이스라엘 족속에게 수수께끼와 비유를 말하라 | 에스겔 17:2

예수가 사용한 비유는 그 당시 이스라엘 백성들이 일상 생활에서 자주 경험할 수 있는 내용들이 많았다. 이를테면 네 가지 땅에 떨어진 씨의 비유 (마태복음 13:1-30, 마가복음 4:1-9, 누가복음 8:4-8), 겨자씨의 비유 (마태복음 13:31-32, 마가복음 4:30-32, 누가복음 13:18-19), 잃어버린 양의 비유 (마태복음 18:10-14, 누가복음 15:4-6) 등 농사와 목축에 대한 비유를 사용함으로써 듣는 사람들이 잘 이해할 수 있도록 하였다.

또한 생활 속에서 경험할 수 있는 사람 사이의 관계도 비유로 사용하였다. 포도원 품꾼들의 비유 (마태복음 20:1-16), 포도원 주인과 농부의 비유 (마태복음 21:33-41, 마가복음 12:1-12, 누가복음 20:9-19), 충성된 종의 비유 (마태복음 24:42-51, 마가복음 13:34-37, 누가복음 12:35-48) 등 인간 관계의 비유를 통해 하나님 나라라는 새로운 세상을 듣는 이들이 쉽게 이해하도록 하였다.

성경에서는 예수가 비유를 자주 사용한 이유를 설명하고 있다.

34. 예수께서 이 모든 것을 무리에게 비유로 말씀하시고 비유가 아니면 아무 것도 말씀하지 아니하셨으니
35. 이는 선지자를 통하여 말씀하신 바 내가 입을 열어 비유로 말하고 창세부터 감추인 것들을 드러내리라 함을 이루려 하심이라
| 마태복음 13:34-35

예수가 사용한 비유를 통해 하나님 나라와 하나님의 진리를 가

르치는 과정에서 베드로를 비롯한 제자들은 비유의 뜻을 설명해 달라고 하였다. 이에 대해 예수는 이렇게 말을 하며 그 내용을 이해하기 쉽게 설명했다.

예수께서 이르시되 너희도 아직까지 깨달음이 없느냐 |마태복음 15:16

'엘리콧 주석서'Ellicott's Commentary for English Readers에 따르면 "내 입을 통해 내 왕국의 영적인 본질에 대해서 들었던 나의 제자들아 역시 너희들도 바리새인들과 같은 후진적인 학자들이냐?"고 되묻는 의미라고 설명한다. 예수가 행한 많은 이적과 가르침을 가까이에서 지켜본 제자들임에도 불구하고 그 시대를 지배하고 있던 유대인의 전통적인 종교관에서 벗어나지 못한 것을 지적한 것이다.

IV

구약성경과 신약성경에서 사용되는 비유의 의미는 차이가 있다. 구약에서 비유는 히브리어로 לְמָשָׁל(mashal)로 속담 (사무엘 상 10:12, 24:13, 에스겔 16:44), 잠언 (잠언 1:1), 어려운 문제를 다루는 심오한 가르침 (욥기 27:1, 29:1), 우화적인 특성을 지닌 것 (에스겔 17: 2-3, 24:3-4), 비밀한 말씀이나 불가사의한 말씀 (시편 49:4, 78:2, 잠언 1:6, 에스겔 17:2), 조롱 섞인 노래 (미가 2:4, 하박국 2:6)

등 다양한 의미로 사용되었다고 비젼성경사전은 설명하고 있다.

신약에서 비유는 헬라어로 παραβολή(parabole)로서 '위험에 자신을 드러내다', '비교하다', '종종 하나님에 의해 언급된 사람들'이라는 의미가 있다.

히브리어나 헬라어의 의미가 담긴 단어로 볼 때, 평범하게 접할 수 있는 속담이기도 하면서 불가사의한 말씀이라는 영적 세계를 설명하는 의미인 동시에 그 자체가 하나님의 나라를 알아가는 뜻이 함축되었다고 할 수 있다.

우리가 세상을 살아가면서 직설보다는 비유가 포함된 말을 사용하는 마음이 필요하다. 그 마음은 예수가 제자들과 이스라엘 백성을 향해 하나님 나라의 뜻을 알기 쉽도록 가르치는 사랑의 마음이며, 진정한 구원을 얻을 수 있도록 인도하는 은혜의 마음이기 때문이다.

거친 직설은 상대방의 마음에 상처를 주지만 사랑이 가득 담긴 비유로서 대화한다면 서로 존중하는 따뜻한 공동체가 될 수 있다.

생명(生命)

I

생명은 '사람이 살아 숨 쉬고 활동할 수 있게 하는 힘'이며, '생물로서 살아 있게 하는 힘'이다. 또한 '자궁 속에서 앞으로 사람으로 태어날 존재인 태아'도 생명이라고 한다. 생명은 살아 있다는 것이다. 숨 쉬고 말하고 움직일 수 있는 것이 생명이다. 생명이 끊어진다는 의미는 죽음이다.

성경 창세기에서는 여호와 하나님이 사람을 창조하는 과정을 보여준다.

> 여호와 하나님이 땅의 흙으로 사람을 지으시고 생기를 그 코에 불어넣으시니 사람이 생령이 되니라 |창세기 2:7

'생기'는 생명의 숨the breath of life이며, '생령'은 생명체living being라는 뜻이다. 여호와 하나님이 아담을 창조할 때에 흙으로 하나님의 모습과 같이 창조한 후에 생명의 숨결을 아담의 코에 불어 넣음으로써 비로소 생명체가 되었다.

하나님이 천지 만물을 창조하면서 사람을 포함한 모든 생물은 하나님이 직접 흙으로 빚어 창조하였다. 낮과 밤, 해와 달 그리고 별, 땅 위의 모든 식물 등을 창조할 때에는 말씀으로 했다는 점에서 대비가 된다.

성경에서 생명은 각별한 의미가 있다.

육신이 살아 숨 쉬며 활동하는 생명이라는 의미뿐만 아니라 영혼의 생명이라는 뜻도 포함되어 있다. 그리고 궁극적으로 영생, 즉 영원한 생명을 얻는 것이다.

II

감당하기 어려운 고난에 직면했을 때, 자신이 이 땅에 태어나지 않았다면 이런 고통을 당하지 않았을 것이라고 한탄한다. 욥도 그런 생각을 친구들에게 말하는 것으로 자신이 이 땅에 태어난 것을 탄식한다.

그 후에 욥이 입을 열어 자기의 생일을 저주하니라 욥이 입을 열어 이르되 내가 난 날이 멸망하였더라면, 사내 아이를 배었다 하던 그 밤도 그러하였더라면 |욥기 3: 1-3

욥은 자신이 태어난 날뿐만 아니라 자신이 임신된 날이 없었다면 지금 당하는 자신의 환난이 없었을 것이라고 말하면서 지금의 고통을 자신의 생명과 연결하여 주장하고 있다.

친구 엘리바스는 욥이 당한 고통을 위로하면서 지금의 환난은 하나님의 일시적인 징계이니 그것을 받아들이면 다시 하나님이 구원해 줄 것이라고 말한다. 그러나 욥은 자신이 죽고 나면 하나님도 자신을 구원하지 못할 것이라고 반론한다.

> 내 생명이 한낱 바람 같음을 생각하옵소서 나의 눈이 다시는 행복을 보지 못하리이다 |욥기 7:7

여기에서 욥이 말한 생명은 히브리어로 חַיָּה(chay)인데 이는 '살아 있는', '존속되는'이라는 의미이다. 생명을 바람으로 비유했는데 이는 덧없이 사라진다는 의미이다.

> 그들은 육체이며 가고 다시 돌아오지 못하는 바람임을 기억하셨음이라 |시편 78:39

욥은 친구 빌닷의 충고를 듣고 이에 대답하면서 자신이 당하고 있는 고난에 대해 하나님에게 항변할 기회를 요구한다. 그러면서 아담을 창조한 창세기를 인용한다.

> 8. 주의 손으로 나를 빚으셨으며 만드셨는데 이제 나를 멸하시나이다
> 9. 기억하옵소서 주께서 내 몸 지으시기를 흙을 뭉치듯 하셨거늘 다시 나를 티끌로 돌려보내려 하시나이까 |욥기 10:8-9

하나님이 욥 자신을 이 땅에 태어나게 한 생명을 주었으니 이 고난의 원인을 알게 해달라는 간절한 절규가 욥의 외침에 담겨 있다. 그러면서 자신에게 생명을 준 이유를 항변하면서 자신이 죽을 날이 얼마 남지 않았으니 그때까지만이라도 평안하게 해달라고 애원한다.

있어도 없던 것 같이 되어서 태에서 바로 무덤으로 옮겨졌으리이다 내 날은 적지 아니하니이까 그런즉 그치시고 나를 버려두사 잠시나마 평안하게 하시되 ㅣ욥기 10:19-20

현실의 고통을 감당하기 힘든 상황에서 자신의 생명을 포기하고자 하는 심정과 아울러 자신의 의지로 생명을 포기하는 것 즉 자살은 하지 않을 것이니 그때까지만이라도 고통을 멈춰 달라는 애원이 교차하는 것이다. 욥의 이 마음에서 삶에서 생명은 소중한 시작이며 스스로 포기해서는 안 된다는 믿음이 있다는 점을 확인할 수 있다.

III

1. 태초에 말씀이 계시니라 이 말씀이 하나님과 함께 계셨으니 이 말씀은 곧 하나님이시니라
2. 그가 태초에 하나님과 함께 계셨고

3. 만물이 그로 말미암아 지은 바 되었으니 지은 것이 하나도 그
가 없이는 된 것이 없느니라

4. 그 안에 생명이 있었으니 이 생명은 사람들의 빛이라

5. 빛이 어둠에 비치되 어둠이 깨닫지 못하더라 |요한복음 1:1-5

요한복음의 이 구절은 예수의 등장을 알리는 장엄한 서막이다.
이해영 목사(서울 성민교회 위임목사)는 이 성경 구절을 핵심적으
로 요약하여 설명한다.

창조의 기원은 말씀이며, 말씀은 곧 예수 그리스도이다. 창조는
우리의 시작이며, 곧 예수가 우리의 시작이 된다.(1절) 창조는 성부
가 성자와 '함께' 한 동역의 원리를 보여준다. 창조적 삶은 동역을
통해 이루어진다.(2절) 창조는 수동적인 상태가 아니라 능동적인 활
동을 의미한다.(3절) 창조의 로고스는 '생명'과 '빛'으로 표현된다.(4
절) 창조의 실재와 특징을 어둠(세상)은 깨닫지 못하고 있다.(5절)

말씀은 헬라어로 Λόγος(Logos)인데 이는 단순한 '말'이 아니라
'하나님의 말씀'divine utterance이라는 뜻이다. 또한 생명은 헬라어
로 ζωή(zoe)로서 통상적인 생명 이외에 '육체적 영적인 생명' 그리고
'현재와 특별한 미래의 생명'이라는 의미가 포함된 단어이다.

예수가 이 땅에 온 이후에 구약성경에서 사용된 히브리어의 생
명과는 차원이 다른 의미로 사용되고 있다. 이를 핵심적으로 표현
한 것이 예수의 말씀이다.

47. 진실로 진실로 너희에게 이르노니 믿는 자는 영생을 가졌나니

48. 내가 곧 생명의 떡이니라

49. 너희 조상들은 광야에서 만나를 먹었어도 죽었거니와

50. 이는 하늘에서 내려오는 떡이니 사람으로 하여금 먹고 죽지
아니하게 하는 것이니라 |요한복음 6:47-50

사람이 음식을 먹지 않으면 육체의 생명을 유지할 수 없다.

비유로 듣는 이들이 이해하기 쉽게 가르침을 했던 예수는 영혼
의 생명도 육체의 생명을 비유하여 설명했다. 하나님을 믿는 사람
은 영생할 수 있으며, 예수가 이러한 영원한 생명을 가질 수 있도
록 하는 떡으로 비유했다.

영생은 육체의 영원한 생명을 의미하는 것이 아니다.

사람들은 누구나 불로장생不老長生 내지 영생永生을 꿈꾼다. 이
는 육체의 영생이다. 그러나 예수는 영혼의 영원한 생명을 사람들
에게 권한다. 사망과 생명의 선택에서 우리는 망설임 없이 생명을
택할 것이며, 그 생명이 영생하기를 바랄 것이다. 그 길을 택하는
것이 우리의 소망이기 때문이다.

죄의 삯은 사망이요 하나님의 은사는 그리스도 예수 우리 주 안에
있는 영생이니라 |로마서 6:23

'삯'은 헬라어로 ὀψώνια(opsonia)인데 이는 빵과 함께 먹기 위해

구입한 생선, 고기, 채소 등을 말하며, 다른 의미로 로마 군인의 임금이라고 '바네스 성경주석'Barnes' Notes on the Bible가 설명하고, '벤슨 주해'Benson Commentary는 "여기서 말한 죄는 인간이 개인적으로 저지르고 계속되는 죄이기 때문에 이런 종류의 죄의 삯인 죽음은 영원한 죽음"이라고 설명한다.

이와 대비한 영생은 하나님의 대가가 없는 선물이며, 예수 그리스도가 십자가 죽음으로 인하여 사람이 갖고 있던 죄를 용서받아 누리는 것이다.

IV

사람들은 늙지 않고 오래 산다는 의미의 '불로장생'을 꿈꾸거나 영원히 죽지 않는 삶을 바란다.

중국 대륙의 통일 왕조를 세운 진시황은 영원한 제국을 꿈꾸며, 자신도 불로장생할 불로초를 구하기 위해 노력하였지만 49세의 나이에 죽음을 맞았다.

성경에 등장하는 인물 가운데 가장 오래 살았던 므두셀라는 969년을 살았지만 노아의 홍수가 일어나던 해에 죽음을 맞았다. 누구도 영원한 삶을 누린 사람은 없다.

성경에서도 육체의 생명이 영원한 것으로 약속하지 않는다.

한번 죽는 것은 사람에게 정해진 것이요 | 히브리서 9:27

네가 흙으로 돌아갈 때까지 얼굴에 땀을 흘려야 먹을 것을 먹으리
니 네가 그것에서 취함을 입었음이라 너는 흙이니 흙으로 돌아갈
것이니라 하시니라 |창세기 3:19

성경에서 육체의 생명에 대해 분명하게 가르치고 있음에도 육체
적 영생으로 사람을 미혹하는 자들이 있다. 그것이 이단이다. 성
경을 교묘하게 왜곡하여 육체 영생이 가능하다고 미혹하는 신천지
가 대표적인 현재의 이단이다.

육체의 영원한 생명은 불가능하다.
예수는 그보다 더 소중한 영생에 이르는 길을 우리에게 가르치
고 있다. 이보다 가치 있는 생명의 삶이 존재할 수 있을까?

내가 진실로 진실로 너희에게 이르노니 내 말을 듣고 또 나 보내
신 이를 믿는 자는 영생을 얻었고 심판에 이르지 아니하나니 사망
에서 생명으로 옮겼느니라 |요한복음 5:24

용기(勇氣)

Ⅰ

용기는 두려움을 이겨내고 옳은 일을 해내는 마음이다.

우리는 세상을 살아가면서 실패가 두렵고, 사람들의 평가를 두려워한다. 곤란한 상황을 맞는 것이 두렵고, 어려운 상황을 극복할 방법을 찾는 과정이 두렵기도 하다. 심각한 질병이 계속될 때에는 죽음이 두렵다. 자존심 때문에 자신의 실수와 실언을 인정하기 두렵고, 실패가 두려워 도전하기를 망설이기도 한다.

객관적으로 볼 때, 상대의 힘과 실력이 월등한 경우에 다윗과 골리앗의 싸움이라고 표현한다. 지난 20세기 세계전쟁사에 기록된 하나의 전쟁이 그랬다. 세계 최강의 군사력과 경제력을 갖춘 미국과 동남아의 작은 나라인 베트남 간의 전쟁이 다윗과 골리앗의 싸움이었다.

영국 축구에서 모든 축구 클럽이 출전하는 FA컵에서 1부 리그인 프리미어 리그 소속 프로팀과 3부 리그에 소속된 무명 축구팀의 경기도 그렇게 표현한다.

사람들의 일반적인 생각으로는 강력한 골리앗이 항상 이길 것으로 생각한다. 하지만 월남전에서는 베트남이 승리했고, 3부 리그 축구팀이 프리미어 리그 소속 팀을 이기는 경우도 있다.

다윗과 골리앗의 싸움도 8형제 가운데 막내로서 나이가 어린 다윗이 키가 3미터나 되고 그가 입은 갑옷의 무게가 57킬로그램에 달할 정도로 당당한 체구를 가진 것은 물론 커다란 창으로 무장한 골리앗을 이겼다. 골리앗이 이스라엘 민속 앞에 나섰을 때, 사울 왕과 이스라엘 민족들은 놀라 크게 두려워하였다고 성경에 기록되어 있다.

> 사울과 온 이스라엘이 블레셋 사람의 이 말을 듣고 놀라 크게 두려워하니라 |사무엘 상 17:11

싸움을 하기도 전에 골리앗의 겉모습에 위축되어 두려움을 갖게 된 것이다. 하지만 다윗은 위축되지 않고 여호와가 지켜준다는 믿음으로 용기를 갖고 어떠한 무장도 하지 않은 상태에서 주머니에 넣고 간 돌멩이로 골리앗을 쓰러뜨려 이스라엘 민족을 위기에서 구했다.

> 49. 손을 주머니에 넣어 돌을 가지고 물매로 던져 블레셋 사람의 이마를 치매 돌이 그의 이마에 박히니 땅에 엎드러지니라
> 50. 다윗이 이같이 물매와 돌로 블레셋 사람을 이기고 그를 쳐죽였으나 자기 손에는 칼이 없었더라 |사무엘 상 17:49-50

II

모든 것을 잃고 절망하는 욥이 자신의 처지를 한탄하며 자신이 이 땅에 태어난 것부터 저주하는 말을 한다.

> 어찌하여 고난 당하는 자에게 빛을 주셨으며 마음이 아픈 자에게 생명을 주셨는고 |욥기 3:6

좌절의 고통스러운 심정이 고스란히 담긴 욥의 한탄은 가까운 친구들이었기 때문에 숨김없이 자신의 힘든 마음을 털어놓은 것이다. 하지만 친구들 가운데 연장자인 엘리바스는 위로 대신에 욥의 한탄을 조목조목 지적하여 욥의 마음을 더욱 아프게 했다.

> 너는 부르짖어 보라 네게 응답할 자가 있겠느냐 거룩한 자 중에 네가 누구에게로 향하겠느냐 분노가 미련한 자를 죽이고 시기가 어리석은 자를 멸하느니라 |욥기 5:1-2

엘리바스의 이 말은 욥의 고통스러운 상황이 죄에서 비롯되었다는 것을 전제하면서 욥 자신이 죄가 없다고 항변하여도 누구도 응답하지 않을 것이라고 직설적으로 지적하는 내용이다. 보통의 사람이라면 친구의 이러한 비판과 지적을 인내심을 갖고 듣기 어려웠을 것이다. 하지만 욥은 끝까지 엘리바스의 비판을 듣고 난 이후에 자신의 입장을 이렇게 밝힌다.

나의 괴로움을 달아 보며 나의 파멸을 저울 위에 모두 놓을 수 있
다면 바다의 모래보다도 무거울 것이라 그러므로 나의 말이 경솔
하였구나 | 욥기 6:2-3

욥은 자신의 말이 경솔했음을 숨기지 않고 인정하는 용기를 갖
고 있었다. '경솔하였다'는 말은 히브리어로 עוּל(luwa)로서 '성급하
다, 경솔하다'라는 의미 외에 '거칠게 말하다'는 의미도 있다. 이와
같은 히브리어의 의미 가운데 어떤 의미로 해석을 해도 욥이 자신
의 탄생을 저주한 것은 거친 표현임을 인정한 것이다. 욥이 처한
상황이 말로 표현할 수 없을 정도로 괴롭고, 모든 것을 잃은 고통
스러운 처지를 저울에 달아볼 때 바다에 있는 엄청난 모래의 무게
보다도 무겁다고 말한다. 그런 처지 때문에 자신의 말이 거칠어졌
고, 경솔하고 성급한 표현이 되었다는 점을 인정한 것이다.

실수나 실언을 한 것을 자신이 가장 잘 알 수 있다. 하지만 그것
을 인정했을 때, 비난과 질책을 두려워하여 그것을 인정하는 용기
대신에 변명과 책임 회피를 하는 경우가 있다. 그럴 경우에 더 큰
곤경에 처하는 경우도 많다.
실수와 실언을 명쾌하게 인정하는 것이 진정한 용기이다. 용기가
없기 때문에 사과인지 변명인지 불분명하여 상대방을 분노하게 하
는 사례를 우리 주변에서 많은 볼 수 있다.

III

　우상숭배로 더럽혀졌던 성전이 정화되어 다시 봉헌된 것을 기념하는 절기인 수전절修殿節 the Feast of Dedication을 맞아 예수가 예루살렘 성전을 찾았다. 이때 예수를 죽일 궁리를 하고 있던 유대인들이 예수를 둘러싸고 질문을 하였고, 대답을 하는 중에 "나와 내 아버지는 하나이니라(요한복음 11:30)"고 답하자 유대인들은 돌을 들어 예수를 치려고 하였다. 유대인들은 예수의 그러한 대답을 신성모독을 한 것으로 받아들여 죽이려고 한 것이다.

　이 일이 있은 지 얼마 되지 않아 예수를 깊이 믿는 마리아와 마르다가 예수에게 사람을 보내어 자신들의 오라버니 나사로가 병들었다는 소식을 전한다. 이 말을 들은 예수는 이틀을 더 머문 후에 제자들에게 "유대로 다시 가자(요한복음 11:7)"고 말한다. 이에 제자들은 "랍비여! 방금도 유대인들이 돌로 치려 하였는데 또 그리로 가려고 하시나이까?"라며 만류한다. 이렇게 만류하는 제자들은 스승인 예수의 목숨뿐 아니라 자신들의 목숨도 걱정하며 두려운 마음을 갖고 그러한 말을 했을 것이다.

　이때 제자 중의 한 사람인 도마가 다른 제자들을 향하여 이렇게 말을 한다.

> 디두모라고도 하는 도마가 다른 제자들에게 말하되 우리도 주와 함께 죽으러 가자 하니라 | 요한복음 11:16

도마가 다른 제자들에게 말한 "죽으러 가자"라는 표현은 헬라어로 ἀποθάνωμεν(apohanoen)으로서 죽을지도 모른다는 가정의 의미보다는 결연하게 죽기를 각오하는 의미가 강하다. 다른 제자들이 모두 죽음의 가능성 앞에서 망설이고 있는 상황에서 예수가 가는 길이 죽음의 길이라고 해도 그 길을 함께 가자는 독려이다.

죽음은 사람에게 가장 큰 두려움이다.

그 두려움을 이겨내고 옳은 것이라면 죽음을 향해 나가는 것이 진정한 용기이다.

그러나 무모한 자기 확신을 바탕으로 하는 행동을 만용蠻勇이라고 한다. 대표적인 사례를 몇 가지 알아보겠다.

첫째, 베드로의 과도한 자기 확신과 스승인 예수의 가르침과 달리 상황 판단에 실패하여 자신의 결기를 드러낸 사건이다.

33. 그가 말하되 주여 내가 주와 함께 옥에도, 죽는 데에도 가기를 각오하였나이다
34. 이르시되 베드로야 내가 네게 말하노니 오늘 닭 울기 전에 네가 세 번 나를 모른다고 부인하리라 하시니라 | 누가복음 22:33-34

베드로는 예수의 십자가 죽음을 앞두고 감옥이나 죽음을 두려워하지 않겠다고 장담했으나 그의 실제 행동은 예수를 세 번 부인하였다. 베드로의 행동은 하나님에 의지한 용기가 아니라 자기 감

정에 따른 장담으로서 이를 만용이라고 한다.

또한 베드로는 예수의 가르침에 벗어난 행동을 하기도 했다.

> 시몬 베드로가 칼을 가졌는데 그것을 빼어 대제사장의 종을 쳐서
> 오른편 귀를 베어버리니 | 요한복음 18:10

베드로는 예수를 체포하러 온 대제사장 종 말고의 귀를 자기가 갖고 있는 칼로 베었다. 그러나 예수의 가르침과 상반되는 베드로의 행동은 신앙적 용기가 아니라 상황 판단을 잃은 자기 확신이었을 뿐이다.

> 예수께서 이르시되 네 칼을 도로 칼집에 꽂으라 칼을 가지는 자는
> 다 칼로 망하느니라 | 마태복음 26:52

둘째, 가나안 정탐 후에 바란광야 가데스에 이르러 정탐 결과를 보고한 이후 이스라엘 민족은 여호와 하나님이 하지 말라는 전쟁을 자의적으로 하였다. 그리고 스스로 전쟁에 나섰다가 패배하였다.

> 41. 모세가 이르되 너희가 어찌하여 이제 여호와의 명령을 범하느
> 냐 이 일이 형통하지 못하리라
> 42. 여호와께서 너희 중에 계시지 아니하니 올라가지 말라 너희의

대적 앞에서 패할까 하노라

43. 아말렉인과 가나안인이 너희 앞에 있으니 너희가 그 칼에 망하리라 너희가 여호와를 배반하였으니 여호와께서 너희와 함께하지 아니하시리라 하나

44. 그들이 그래도 산 꼭대기로 올라갔고 여호와의 언약궤와 모세는 진영을 떠나지 아니하였더라

45. 아말렉인과 산간지대에 거주하는 가나안인이 내려와 그들을 무찌르고 호르마까지 이르렀더라 | 민수기 14:41-45

성경은 이를 '죄를 더하는 교만한 행동'으로 규정한다. 하나님과 함께하지 않은 행동은 용기가 아니라 교만한 만용이다.

IV

용기는 옳은 것을 이루는 출발이다.

두려움으로 망설일 때에 올바른 선택을 할 수 있도록 해준다. 자신의 실수를 인정하게 되면 동일한 실수를 반복하지 않게 된다. 상대의 외형에 위축되지 않고 용기 있는 행동을 통해 공동체를 위기에서 벗어나게 한다.

용기 있는 결단은 공포로 망설이는 다른 사람들을 올바른 방향으로 동참하도록 하는 촉매가 되기도 한다. 살아가면서 어려운 일을 당할 때나 여건 때문에 위축이 될 때 이 성경 말씀을 기억해보자.

너희는 두려워하지 말며 겁내지 말라 내가 예로부터 너희에게 듣
게 하지 아니하였느냐 알리지 아니하였느냐 너희는 나의 증인이라
나 외에 신이 있겠느냐 과연 반석은 없나니 다른 신이 있음을 내
가 알지 못하노라 |이사야 44:8

우리의 믿음을 바탕으로 용기 있는 행동을 할 때, 우리는 진정
한 가치를 얻을 수 있다.

회복(回復)

I

회복은 "원래의 상태로 돌이키거나 원래의 상태를 되찾음"이라는 의미이다. 이 말은 곧 원래의 상태로 돌아가야 할 나쁘고 힘든 상황이 전제되어 있다. 건강의 회복은 건강을 잃은 상황이 있기 때문에 성립되는 것과 같은 논리이다.

원래의 상태를 잃게 되었을 때, 대부분의 사람들은 그제서야 원래의 상태가 매우 소중했음을 깨닫게 된다. 손가락을 조금 베었을 때, 생활에는 큰 어려움이 없지만 손에 물이 닿았을 때에 그 상처로 인한 불편함을 느끼면서 상처가 없을 때의 편안함을 돌이키는 것이 한 예가 될 것이다.

> 그 사람에게 이르시되 손을 내밀라 하시니 그가 내밀매 다른 손과
> 같이 회복되어 성하더라 |마태복음 12:13

예수가 안식일을 맞아 회당에 들어갔을 때, 그곳에서 손 마른 사람을 보았고, 바리새인들은 안식일에 병을 고치는 것이 옳으냐며 시비를 거는 상황이었다. 예수는 그들의 시비에도 불구하고 사랑의 마음으로 그의 손을 치유하여 회복시켰고, 이 사건을 계기로 바리새인들은 예수를 죽일 방법을 의논하게 된다.

‘벤슨 주석’Benson Commentary에 따르면 ‘손 마른’의 의미를 신경과 근육이 줄어들어 완전히 쓸모없게 된 손을 말한다고 설명한다. 손 마른 사람은 예수가 나병환자를 고침 (마태복음 8:2-3), 중풍병에 걸린 백부장의 하인을 치유 (마태복음 8:5-9), 베드로의 장모를 고침 (마태복음 8:14-15), 맹인의 눈을 뜨게 한 일 (마태복음 8:27-31) 등 예수가 베푼 치유와 회복에 대한 소문을 이미 잘 알고 있었기에 회당에서 간절한 심정으로 예수를 기다리고 있었을 것이다.

병들어 쓸모없게 된 손을 다시 정상적으로 사용하기 바라는 간절한 심정을 아는 예수는 안식일을 지켜야 한다는 율법 보다는 치유의 사랑을 베풀어 그의 손을 회복시켜 주었다. 그가 회복을 통해 느낀 마음은 표현할 수 없이 큰 기쁨이었을 것이다.

II

어렵고 고통스러운 처지나 상황에 있을 때, 그 상태에서 벗어나 원래의 상태로 빨리 되돌아가고 싶은 것이 사람의 마음이다. 참기 힘든 고통 때문에 원상회복이 아니라 그 힘든 상황에서만 벗어나면 좋겠다는 마음도 갖는다.

욥이 당한 고통은 사람들이 감당하기 힘든 엄청난 일의 연속이었다. 모든 자녀는 물론 전 재산을 모두 잃었고, 자신의 건강도 잃었다. 심지어 위로하러 찾아온 친구들마저 자신들의 관점에서 욥을 비난하였다. 욥이 하나님에게 울부짖으면서 자기 자신을 변호

할 기회를 달라고 간청했지만 하나님은 그때까지도 어떤 응답도 하지 않았다. 모든 것이 막히고, 앞으로 나아갈 길조차 보이지 않는 절망과 좌절의 시간이었다.

마침내 여호와 하나님은 욥과 세 친구들에게 나타나 하나님이 창조한 세상의 질서에 대해 말하면서 그들의 제한된 지식과 판단을 깨닫는 교육적 훈계와 가르침의 시간을 갖게 된다.

그리고 하나님은 욥이 잃었던 모든 것을 되돌려 준다.

> 욥이 그의 친구들을 위하여 기도할 때 여호와께서 욥의 곤경을 돌이키시고 여호와께서 욥에게 이전 모든 소유보다 갑절이나 주신지라 |욥기 42:10

잃었던 재물은 두 배로, 그리고 건강의 회복은 물론 한꺼번에 잃었던 10명의 자녀도 회복시켜 준다. 하나님이 욥의 모든 것을 고난이 시작되기 이전으로 되돌려줄 때, 회복을 위한 절차를 밟도록 한다.

> 무지한 말로 이치를 가리는 자가 누구니이까 나는 깨닫지도 못한 일을 말하였고 스스로 알 수도 없고 헤아리기도 어려운 일을 말하였나이다 |욥기 42:3

욥은 하나님 앞에서 그간 자신이 말로 죄를 지었던 것을 진심으로 회개하였다. 이어 하나님은 세 친구들에게 "수소 일곱과 숫양 일곱을 가지고 내 종 욥에게 가서 너희를 위하여 번제를 드리라(욥기 42:8)”고 명하였다. 그리고 욥이 세 친구를 위하여 기도를 할 것이며, 하나님은 이를 기쁘게 받겠다고 하여 세 친구와 욥은 하나님의 명대로 행했다. 이것을 통해 세 친구들도 욥과 같이 옳지 못한 말을 한 것에 대해 하나님의 용서를 받은 것이며, 욥의 기도를 통해 이루어진 것으로 욥과 세 친구의 관계도 회복되었다.

그리고 욥이 고난을 당하자 외면했던 “그의 모든 형제와 자매와 이전에 알던 이들이 다 와서 그의 집에서 그와 함께 음식을 먹고 여호와께서 그에게 내리신 모든 재앙에 관하여 그를 위하여 슬퍼하며 위로하고 각각 케쉬타 하나씩과 금 고리 하나씩을 주었더라” 욥기 42:11는 성경 말씀대로 그의 형제 자매는 물론 친인척 등과의 관계도 회복되었다. 더 놀라운 하나님의 선물은 부부관계의 회복 그리고 가족의 회복이다.

아들 일곱과 딸 셋을 두었으며 | 욥기 42:13

욥이 고난을 당하기 이전에 두었던 자녀와 같은 숫자의 자녀를 얻게 되었다. 한꺼번에 모든 자녀를 잃었던 슬픔은 두 배로 늘어난 재물로도 잊을 수 없었을 만큼 큰 마음의 아픔이었을 것이다. 하지만 하나님은 같은 숫자의 자녀를 욥에게 주었다. 긴 기간 동안 10명의 자녀를 출산할 때마다 이전의 슬픔을 잊고 기쁨으로 가득했을 것이다. 또한 자녀가 출생할 때마다 모든 것을 회복시켜주는 하나님에게 더욱 감사한 마음으로 예배를 드렸을 것이다.

III

예수는 4명의 형제와 숫자가 확인되지 않은 몇 명의 누이가 있었다.

이 사람이 마리아의 아들 목수가 아니냐 야고보와 요셉과 유다와 시몬의 형제가 아니냐 그 누이들이 우리와 함께 여기 있지 아니하냐 |마가복음 6:3

그러나 예수의 형제들은 예수를 믿지 않았다.

이는 그 형제들까지도 예수를 믿지 아니함이러라 |요한복음 7:5

예수를 죽이려는 무리들이 유대 지방에 있는 상황이기 때문에 예수는 어린 시절을 보낸 갈릴리에서 주로 활동을 하고 있었다.
그러자 예수의 형제들이 예수에게 갈릴리를 떠나 예수를 죽이려는 유대인들이 있는 곳으로 가라고 조롱한다.

그 형제들이 예수께 이르되 당신이 행하는 일을 제자들도 보게 여기를 떠나 유대로 가소서 스스로 나타나기를 구하면서 묻혀서 일하는 사람이 없나니 이 일을 행하려 하거든 자신을 세상에 나타내소서 하니 |요한복음 7:3-4

유대로 가라는 권유가 예수를 세상에 드러내며 일을 하라는 표현으로 포장되어 있지만 그 시대의 고정관념을 깨는 예수의 행동으로 인해 주변의 불편한 수군거림이 불편하기 때문에 갈릴리 동네를 떠나라는 요구였다. 더욱이 죽을지도 모를 곳으로 가라는 야유인 셈이다.

형제들의 행동은 다른 성경에서도 나타난다.

20. 집에 들어가시니 무리가 다시 모이므로 식사할 겨를도 없는지라
21. 예수의 친족들이 듣고 그를 붙들러 나오니 이는 그가 미쳤다
함일러라 |마가복음 3:20-21

그때 예수의 어머니와 동생들이 와서 밖에 서서 사람을 보내어 예수를 부르니 무리가 예수를 둘러앉았다가 여짜오되 보소서 당신의 어머니와 동생들과 누이들이 밖에서 찾나이다 |마가복음 3:31-32

예수가 많은 사람들에게 그 당시로써는 처음 듣는 파격적인 가르침을 하고, 병든 자를 고치는 기적을 행하자 이를 있는 그대로 받아들이지 않았다. 그리하여 귀신이 들렸다는 등의 평가를 하였고, 친족들은 집안 망신이라는 마음으로 예수를 붙잡으러 다녔고, 형제자매들도 같은 행동을 하였다.

하지만 예수가 십자가에 못 박혀 주고 부활한 이후에 승천하자 형제자매들은 그제서야 예수를 구세주로 믿게 되었다.

여자들과 예수의 어머니 마리아와 예수의 아우들과 더불어 마음을
같이하여 오로지 기도에 힘쓰더라 | 사도행전 1:14

예수가 부활한 후에 사도들에게 성령의 세례를 약속하였고, 성
령이 임하게 되면 권능을 받고 예수를 증언하게 될 것이라는 말
씀을 믿고 성령의 나타남을 기다리는 기도의 자리에 예수의 아
우들도 함께했던 것이다. 예수의 형제 또는 아우라는 표현은 헬
라어로 ἀδελφοῖς(adelphois)로서 '피를 나눈 형제'라는 의미 외에
도 '기독교인의 공동체 구성원'이라는 의미로도 사용된다. 자매는
ἀδελφαὶ(adelphai)로서 역시 같은 의미로 사용된다.

이들 예수의 형제와 자매들은 예수를 믿지 않았었지만 부활 승
천 이후에 예수의 제자들과 함께 예수가 남기고 간 약속을 기다리
며 간절히 기도함으로써 형제자매의 관계가 회복되었던 것이다.

IV

회복은 기다림이며, 기쁨이다.
예수가 병든 자들을 치유했을 때, 그 순간에 회복이 이루어졌지
만 병자들은 회복을 위한 간절한 기다림의 시간을 보냈다. 욥이
자신의 잘못을 회개한 이후에 그의 재산이 곱절로 회복되는 것은
순간이었지만 가족과 부부의 회복은 긴 시간 .동안에 이루어졌다.

질병의 회복, 관계의 회복도 간절한 마음으로 기다릴 때 진정한 회복이 이루어진다. 그리고 그 회복의 결과는 기쁨이다.

우리가 세상을 살면서 좌절과 절망에 빠졌을 때, 포기하는 것보다는 회복의 길을 선택해야 한다. 간절한 마음으로 기도하고, 스스로의 삶을 되돌아보는 시간을 통해 회개한다면 기쁨으로 가득한 회복은 이루어질 것이다.

조급하게 결과에 매달리기보다는 욥이 잃었던 열 명의 자녀들을 그대로 회복됐던 그런 마음으로 기다리며 조금씩 나아지는 변화를 기쁨으로 맞는다면 완전한 회복은 반드시 이루어질 것이다.

그 회복의 출발은 간절함이다.

정의(正義)

Ⅰ

하버드대 마이클 샌델 교수의 저서 『정의란 무엇인가』는 베스트 셀러가 되기도 하였다. 선풍적인 판매가 계속되자 우리 사회가 그만큼 정의에 목말라 있다고 분석했다.

최근 정의와 공정이 우리 사회의 주요한 화두가 되고 있다.

그렇다면 정의란 무엇인가?

사전적인 의미는 '진리에 맞는 올바른 도리'이며, '사회를 구성하고 유지하는 공정한 도리'라는 뜻도 있다. 전자의 의미는 도덕적 당위성이 더해진 의리 내지는 도의의 성격이 강하지만 후자의 경우에는 사법적인 의미가 강하게 나타난다.

성경에서 정의는 매우 중요한 주제이다. 정의와 공의라는 유사한 개념이 함께 사용되는데 이것을 이해한다면 하나님과의 관계뿐만 아니라 현실을 살아가는 공동체에서 갖추어야 할 자세를 깊이 알 수 있다.

비젼성경사전에서는 정의에 대해 "공동체 내에서 자기 이웃과 올바른 관계를 유지하는 것이나 깨어진 관계를 회복하도록 돕는 사람들의 도덕적인 자세"라면서 "인간 간의 관계에만 적용되는 것이 아니라 하나님과의 관계에도 적용된다"고 설명한다.

정의는 몇 가지 용어가 사용된다.

히브리어로 הַצְּדָקָה(tsedaqah)는 '진실을 말한다'는 어원에서 파생된 단어로 '올바른 마음'을 뜻하며, טַפְּשׁמוּ(mishpat)는 판단, 재판, 법률 등의 의미가 있다.

라이프성경사전에서 공의에 대해 "선과 악을 정확하게 분별하는 하나님의 거룩한 성품 가운데 하나로서 '심판', '법', '권리', '정의' 등으로 해석될 수 있는 용어다. 즉 이 용어는 하나님의 완전하고 의로운 법을 기준으로 잘못된 것이나 잘된 것을 가감 없이 판단하고 심판하는 행위를 일컫는 동시에 하나님이 인간을 판단하시는 도덕적 기준으로 이해할 수 있다"고 설명한다.

공의는 히브리어로 צֶדֶק(tsedeq)로서 '옳음', '정당성' 등의 의미가 있다.

정의와 공의는 성경에서 대부분 함께 등장한다. 때로는 혼용되기도 하고 성경 번역본마다 바꿔서 사용되는 용어이기도 하다.

정의를 지키는 자들과 항상 공의를 행하는 자는 복이 있도다

│시편 106:3

나는 정의로운 길로 행하며 공의로운 길 가운데로 다니나니

│잠언 8:20

보라 장차 한 왕이 공의로 통치할 것이요 방백들이 정의로 다스릴
것이며 | 이사야 32:1

정의와 공의는 엄밀히 구분되지 않지만 이 용어를 이해하기 쉽
게 구분한다면 공의는 하나님의 거룩한 성품인 동시에 인간관계에
서 이러한 성품을 요구하는 하나님의 기준이며, 정의는 사람들 사
이에서 공의를 이루기 위한 법과 제도의 근본정신과 실천으로 정
리할 수 있다.

II

욥기는 형사재판 법정의 속기록을 보는 느낌을 준다.

영문도 모르게 피고가 된 욥이 재판장인 하나님에게 항변하고
죄 없는 자신을 기소한 검사에게 반론한다. 위로를 위해 찾아온
세 친구는 검사가 되어 욥이 피고석에 앉게 된 이유를 질타하며,
이 과정을 배심원석에서 지켜보던 엘리후가 원고인 검사와 피고인
욥의 발언에서 제기된 문제점을 지적하는 형식이 재판 진행 과정
과 비슷하다는 것이다. 욥은 간절하고 절박한 심정으로 최후 변론
을 하고, 하나님이 재판장으로서 판결을 하는 과정도 재판을 보는
것과 같다.

개역개정 성경을 기준으로 욥기에서 '정의'는 모두 9회 등장하는
데 엘리후가 5회, 욥이 3회 그리고 친구인 빌닷이 1회 사용한다.

'공의'는 8회 등장하는데 엘리후가 5회, 빌닷과 욥 그리고 여호와 하나님이 1회 사용한다.

흥미로운 것은 빌닷은 정의와 공의를 한 문장에서 유사한 의미로 사용하고 있지만 욥과 엘리후 그리고 여호와는 이를 분리하여 사용하고 있다.

> 하나님이 어찌 정의를 굽게 하시겠으며 전능하신 이가 어찌 공의를 굽게 하시겠는가 | 욥기 8:3

욥의 친구 빌닷이 욥의 항변에 대해 공격하면서 한 말이다.

욥이 엘리바스의 말에 대해 "내가 잘못한 것이 없으며 만일 잘못한 것이 있으면 내가 한 말을 꾸짖지 말고 나를 직접 보고 말하라. 그러면 친구들이 한 책망에 대해 내가 한 말이 올바르다고 대답할 것이다(욥기 6:24–30)"라는 취지의 항변에 대한 빌닷의 책망이다.

욥은 어디에서도 빌닷이 지적한 말을 하지 않았음에도 마치 욥이 그런 말을 한 것처럼 질책을 한 것이다.

'굽게 하다'는 히브리어로 תְּעַוֵּת(yəaw wet)로서 '구부러지다'는 뜻뿐만 아니라 '변조하다, 위조하다, 뒤집다, 왜곡하다'는 의미가 함께 사용된다.

여기에서 사용된 정의는 옳고 그름에 관한 것이며, 공의는 하나님이 모든 사람을 똑같은 기준으로 판단하는 일을 강조한다고 송병현 교수는 설명한다.

욥과 세 친구들의 길고 긴 논쟁을 말없이 지켜보던 엘리후가 이들의 논쟁이 잘못되었다고 지적하면서 연설을 시작한다. 그리고 이들의 논쟁에서 엘리후가 보기에 잘못된 부분을 거론하며 자신의 입장을 밝힌다.

> 전능자를 우리가 찾을 수 없나니 그는 권능이 지극히 크사 정의나
> 무한한 공의를 굽히지 아니하심이니라 |욥기 37:23

엘리후의 이러한 발언에 대해 '매튜 풀 주석서'Matthew Poole's Commentary에서는 정의는 하나님의 공정하고 의로운 재판에서 욥이 생각하는 것처럼 부당한 능력을 행사하지 않는 것이며, 공의는 그 누구도 비난할 수 없는 하나님의 완전한 정의라고 설명한다.

III

개역개정 성경을 기준으로 신약성경에서 정의는 단 한 번 등장한다.

> 화 있을진저 외식하는 서기관들과 바리새인들이여 너희가 박하와
> 회향과 근채의 십일조는 드리되 율법의 더 중한 바 정의와 긍휼과
> 믿음은 버렸도다 그러나 이것도 행하고 저것도 버리지 말아야 할
> 지니라 |마태복음 23:23

이 구절에서는 정의로 해석되었으나 헬라어는 κρίσιν(krisin)으로 정의 이외에 하나님의 심판, 재판, 심판, 고발, 형벌 등의 의미가 있다. '바네스 성경주석'Barnes's Notes on the Bible는 이 구절에서의 정의에 대해 "사법권이 있는 행정장관, 이웃, 시민으로서 다른 사람에 대한 정의"라고 설명한다. 즉 사회 공동체의 유지를 위한 심판으로 이해한다.

하지만 누가복음에서는 동일한 구절을 공의로 해석한다.

> 화 있을진저 너희 바리새인이여 너희가 박하와 운향과 모든 채소의 십일조는 드리되 공의와 하나님께 대한 사랑은 버리는도다 그러나 이것도 행하고 서것도 비리지 말아야 할지니라 | 누가복음 11:42

이 성경 구절에서 정의나 공의로 번역을 달리하지만 내용은 동일하다. 마태복음과 누가복음의 이 구절은 형식에 매달리는 바리새인들을 예수가 비판하는 것이다.

서기관과 바리새인들을 '외식하는' 자라는데 이는 헬라어로 ὑποκριταί(hypokritai)로서 '위선자, ~인체 하는 사람'이라는 뜻이다. 이들은 율법에 따라 십일조는 하지만 이는 형식일 뿐이며, 율법을 준 본질인 정의, 긍휼, 믿음과 사랑을 무시했다는 질책이다.

율법은 여호와 하나님이 시내산에서 모세를 통하여 이스라엘 백성들에게 준 것이다. 이 율법은 하나님과 언약 관계에 있는 사람들이 살아가는 데 필요한 도덕적, 사회적, 종교적인 행동 법전이다. 그리고 이 율법의 한 구절도 중요하지만 율법을 사람들에게 준 하나님의 진심을 헤아리라는 의미이다. 사람들이 합의하여 만든 법률도 법 제정 취지가 있다. 하나의 조문마다 담긴 규율도 중요하지만 그 제정 취지를 지키는 것이 더 중요하다.

하나님이 준 율법도 앞서 말한 본질을 지키는 것이 형식적이며 가식적인 율법 준수보다 더 중요하다는 것이다.

IV

우리가 살고 있는 세계는 분쟁과 갈등 그리고 전쟁이 끊임없다. 정의를 실현하겠다는 명분으로 충돌하고 상처를 주고 살상을 반복하고 있다. 언제나 변할 수 있는 이데올로기에 집착하여 서로 갈등하고, 그러한 집착을 정의로 포장하여 자신들을 옹호하기도 한다. 자신은 정의이고 다른 사람은 불의라고 단정하며 재판하고 비난을 일삼기도 한다. 그것은 정의가 아니라 자신의 욕심이다.

정의의 열매는 평화를 이루는 사람들이 평화를 위하여 그 씨를 뿌려서 거두어들이는 열매입니다. |야고보서 3:18, 새번역성경

주일에 교회당에서 열심히 예배하고 기도한 후에 집으로 돌아가는 길에 만난 장애가 있는 걸인을 외면하는 그리스도인의 마음에 하나님의 공의와 정의가 있는 것인가? 고아, 과부, 노숙인, 이방

인 등 약한 자들을 진심으로 마음에 보듬지 않는 자신의 삶을 돌이켜보면서 스스로 하나님을 향한 예배자인가를 자문자답해야 한다. 그리고 형식적인 예배는 받지 않겠다는 하나님의 경고를 늘 마음에 품어야 한다.

> 너희가 내게 번제나 소제를 드릴지라도 내가 받지 아니할 것이요
> 너희의 살진 희생의 화목제도 내가 돌아보지 아니하리라 네 노랫소리를 내 앞에서 그칠지어다 네 비파 소리도 내가 듣지 아니하리라
> |아모스 5:22-23

그리고 진정한 삶의 방식을 제시한다.

> 오직 정의를 물 같이, 공의를 마르지 않는 강 같이 흐르게 할지어다
> |아모스 5:24

하나님이 우리 모두에게 준 삶의 기준인 정의와 하나님의 거룩한 품성인 공의가 흘러넘치는 세계가 될 때, 갈등, 분쟁, 전쟁이 사라지고 진정한 평화의 세상을 만들어 갈 수 있다.

이것이 우리가 가치 있게 지향하는 정의가 지배하는 세상이다.

제5장

그리고

고백(告白)

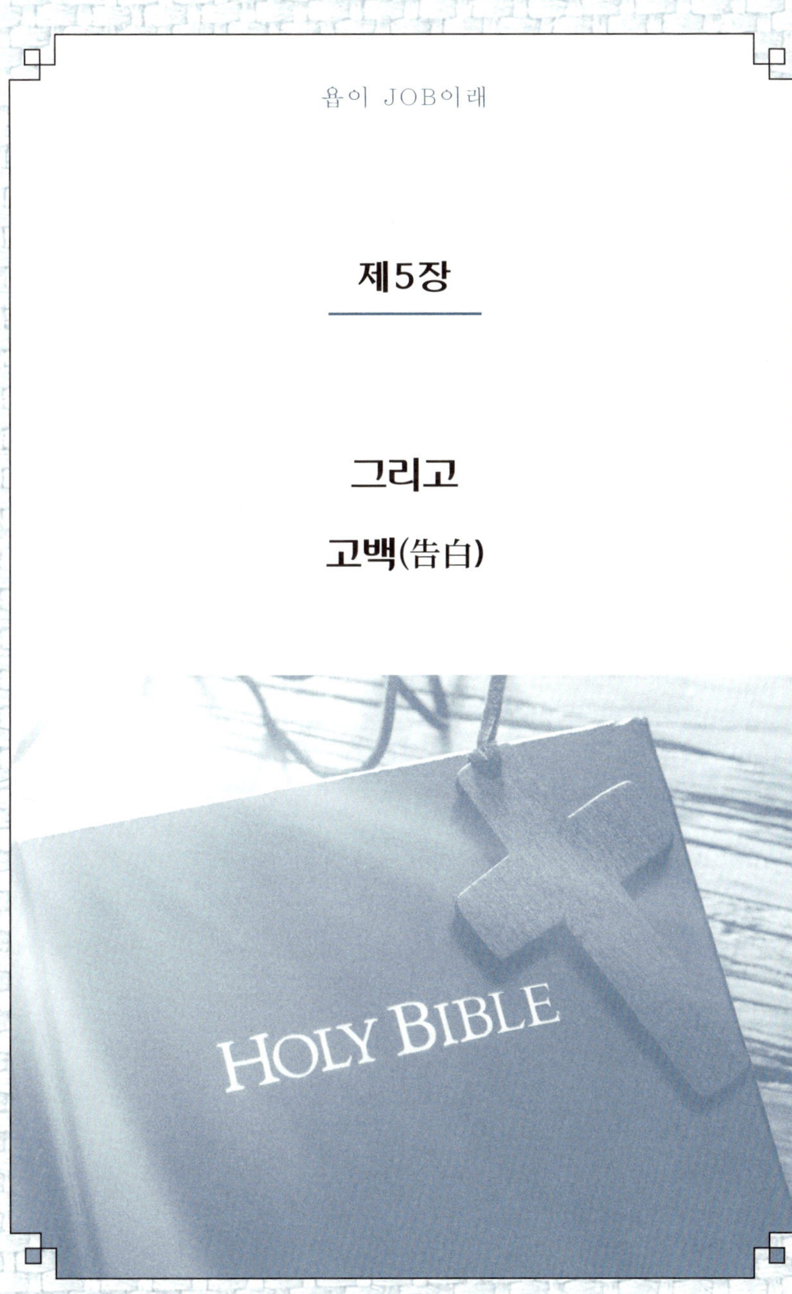

$$I$$

"2009년 6월 28일, 제가 자발적인 의지로 처음 교회에 간 날입니다."

이 말을 하면 아내가 조용히 충고를 한다.

"날짜를 그렇게 정확하게 말하면 듣는 사람들은 불편해 하니 앞으로는 그렇게 안 했으면 해요."

아들은 "아빠가 구원파가 아니면서 하나님을 만난 날짜를 강조하면 이단으로 오해받을 수 있다"고 조언한다. 물론 이단도 구원파도 아니다. 다만 늦은 나이에 하나님을 만났기 때문에 그날을 기억하는 것이다.

그렇다.

2009년 6월 28일, 처음 자발적으로 교회에 갔다.

그러나 하나님을 믿기 위해 간 것이 아니라 그 당시 미국에 있던 아내가 출석하는 이민 교회의 부목사로 있던 분이 서울의 한 교회 담임목사로 청빙이 됐으니 첫 예배에 꼭 가달라는 아내의 연락과 부탁 때문이었다. 믿음이 전혀 없던 나는 속마음으로 그 목사님 입장에서는 '신장개업'인 셈이고 아내가 부탁하니 형식적으로 축하해야겠다는 마음으로 간 것이다.

물론 어린 나이에 교회에 갔었고, 예배도 참석했었다.

어린 시절을 보낸 시골 고향 동네에서 가장 큰 건물이 교회였고, 여름이 되면 가장 시원한 곳이었기 때문에 교회 마당에서 친구들과 놀다가 여름성경학교에 갔다. 공책과 연필을 선물로 주기 때문에 교회에서 시간을 보낸 것 뿐이었다.

중학교에 입학한 후, 음악 선생님이 합창부에 들어오라고 하여 노래도 잘못하면서 합창단원이 되었다. 그 덕에 매주 수요일 오전에 강당에서 진행된 채플 시간이 되면 합창단은 성가대가 되어 찬송가를 불렀던 경험만 있었다. 해군사관후보생으로 군에 입대하여 14주 동안 훈련 기간 중에 일요일 종교활동은 열외가 없는 의무였고, 교회에서는 예배를 마친 후에 빵을 준다는 동기생의 유혹에 이끌려 훈련 기간 중 빠짐없이 해군 교육사령부 교회에 갔었다.

목적은 오직 두 가지였다. 예배 시간에는 훈련 교관의 눈치를 보지 않고 낮잠을 잘 수 있다는 여유와 빵에 대한 욕심 때문이었다. 그런데 임관 1주일을 앞둔 일요일에 소령 계급의 군목이 세례를 준다기에 의미와 영문도 모르고 세례와 함께 세례증을 받은 것이 기독교와 교회에 대한 경험이었다.

아내와 아들이 미국 유학을 가기 전까지 교회 근처에도 가본 적이 없고, 오히려 집 근처 교회에 일요일이 되면 정장을 입고 많은 사람들이 교회당에 들어가는 것을 보면서 속마음으로 일요일에 쉬지 않는 사람들은 이해할 수 없는 사람들이라고 생각했었다.

하지만 불가피하게 교회에 갈 수밖에 없는 상황이 있었다. 친구들 가운데 교회에서 결혼식을 하게 되면 피할 수 없이 가야 했다.

그러나 혼인 예배가 시작되면 몇몇 친구들과 밖으로 나와 예배가 끝날 때까지 기다리거나 그냥 식당으로 갔다.

아내와 아들이 미국 동부의 한 지역에서 유학을 시작하였고, 6개월이 지난 후에 처음 가족을 만나기 위해 그곳에 갔다. 오랜만에 가족들과 함께하는 시간은 행복했다. 불과 열흘 내외의 짧은 방문 기간이었기 때문에 하루 종일 세 가족이 함께 시간을 보내며 웃음이 떠나지 않는 시간을 보냈다. 2007년 여름의 일이었다.

미국 도착 후 첫 일요일에 되어 가족과 함께 아침 식사를 하는데 아내와 아들의 표정에서 무엇인가 곤란하고 무엇을 말하고자 하는 표정이 역력했다.

"밤에 무슨 일이 있었어? 왜 전부 표정이 이상해?"

나의 질문에 아들은 멋쩍은 표정만 짓고 몇 분 후에 아내가 조용히 말을 꺼냈다.

"오늘이 주일이라서 교회에 가야 하는 날이라서…. 당신이 처음 서울에서 왔는데 당신 혼자 집에 두고 우리만 가야 하나? 아님 그냥 교회에 가지 말고 집에 있어야 하는지 결정하기 어려워서 그래요."

그간 교회에 다니는 사람들은 이해가 되지 않는다고 자주 말을 했었기 때문에 아내와 아들은 그런 생각을 갖고 있는 나에게 선뜻 교회에 함께 가자는 말을 하기 어려웠던 탓이다.

하지만 나는 1분이라도 함께 가족과 있고 싶은 마음이 앞섰기 때문에 웃으며 말했다.

"나도 따라가야겠다. 미국 교회는 어떤지 구경도 하고…."

그 대답에 아내와 아들이 표정이 밝아지면서 처음으로 우리 가족 모두가 교회에 가게 됐다.

넓은 잔디 공원과 울창한 나무들이 있는 교회는 오랜 역사가 느껴질 정도로 품격이 있었다. 그곳에서 만난 성도들은 아내에게 반갑게 인사하고 나에게도 서울에서 왔다는 소식을 들었다며 웃으며 인사를 건넸다. 그 사람들의 표정에서 낯설고 어색한 느낌을 전혀 받지 못했다.

하지만 예배가 시작되자 여기저기에서 어떤 이는 양손을 들고 또 다른 이들은 가슴에 손을 얹고 찬송을 부르는 모습을 보았다. 지난날 여름성경학교나 군대 교회에서는 단 한 번도 볼 수 없던 광경이었기에 낯설었고 한편으로는 미친 사람들 같다는 생각이 들었다. 심지어 아내마저 그렇게 찬송을 부르는 모습을 보면서 당황스러운 마음도 들었다.

그때 떠오른 단어는 '광신도'였음을 고백한다.

그렇게 찬송이 끝나고 설교가 시작되었는데 생소한 용어들과 이해가 되지 않는 내용 때문에 끝내는 잠이 들어 버렸다.

집으로 돌아오는 길에 아들이 예배에 대한 감상을 물었다.

"솔직히 잠잤어. 무슨 말인지 전혀 모르겠더라. 그리고 손들고 찬송 부르는 것이 너무 이상하더라."

집에 도착할 때까지 더 이상 교회에 대한 이야기는 없었고, 그 주 토요일에 다시 서울로 돌아왔다.

그 후 몇 차례 가족을 만나기 위해 미국을 방문했을 때도 오직 가족과 함께 있기 위해 교회에 갔지만 늘 예배 시간은 어색하고 불편하기만 했었다.

2009년 새해에 다시 가족을 만나기 위해 미국에 갔을 때, 아들이 1박 2일 교회 수련회에 같이 가자고 제안했다. 흔쾌히 동의했다. 오직 미국의 수련 시설을 관찰하기 위한 목적이었다. 수련회가 시작되었고 저녁 식사 후 밤늦은 시간에 강당에 모여 예배를 진행하는데 갑자기 여기저기서 이상한 언어로 사람들이 기도하기 시작했다. 너무 놀랍고 이해할 수 없는 광경이었다. 그때 마음속으로 '미친 사람들!'이라고 단정했음을 고백한다.

그리고 그 자리에 더 이상 있기 불편하여 혼자 숙소로 돌아왔다. 나중에 알고 보니 그것이 방언 기도였다.

II

자발적으로 처음 교회에 갔던 2009년 6월 28일로 돌아간다.

아내의 부탁으로 신임 목사의 취임을 축하하기 위해 간 입장이기 때문에 예배 중에 졸지 않으면서 목사의 설교에 집중하였다. 그때 처음으로 설교를 들으면서 속으로 말은 된다고 생각했다. 그러면서 그 설교의 근거로 성경의 관련 구절을 인용하여 설교 내용의 신뢰를 높인다는 것을 알게 됐다. 무사히 졸지 않고 예배를 마칠 때쯤에 그날 취임한 신임 목사가 광고를 하였다.

"돌아오는 토요일에 온 가족 특새가 있으니 많은 성도가 참석해 달라"는 내용이었다. 내용 중에 '특새'라는 단어의 의미를 몰라서 핵심은 이해할 수 없었다. 그렇게 첫 예배를 마치고 귀가한 이후에 아내가 전화를 했다.

"고마워요. 교회에 다녀왔다면서요?"

신임 목사가 아내에게 연락하여 남편인 내가 축하 방문을 해서 감사하다는 통화를 한 것이다.

며칠 후, 아들이 방학이 되어 아내와 함께 귀국했다.

가족들과 대화하면서 '특새'가 무슨 의미인지 질문하자 아들이 웃으면서 특별새벽기노의 줄임말이라고 설명해주었다. 그러면서 한 번 교회에 갔다 왔으면서 특새에 대해 궁금한 것을 질문한 것이 관심 있는 것으로 여겼던지 재차 특새에 갈 것인지를 아들이 물었다.

"일요일에만 교회에 가는 것이 아니라 토요일 새벽에도 교회에 가느냐?"고 내가 되묻자 주일 뿐만 아니라 매일 새벽에도 예배가 있다고 아내가 대답했다. 특새에 갈 것이냐는 아들의 질문에는 답을 하지 않았다.

가족들이 서울에 도착한 날의 늦은 밤에 아내가 나에게 성경책을 건네며 성경을 직접 읽어 주면 행복하겠다며 성경 낭독을 부탁했다.

대학 시절부터 5년여를 KBS 토론 프로그램을 진행했던 방송 경험이 있었고 그때 목소리가 좋다는 평가를 받았던 기억이 나서 얼른 좋다고 하였다.

첫 장인 창세기를 펼쳐 읽는데 첫 단어인 “태초에”라는 단어부터 생소했다. 이어 등장하는 “하나님의 영”, “궁창”은 물론 처음 듣는 창조의 과정도 이해할 수 없었다. 하지만 약속대로 한글로 읽은 후에 영어로도 읽고 내 방식대로 의역을 하여 하루에 한 장씩 읽어주기로 했다.

등장하는 지명도 어색했다. 그러나 “힛데겔”이 ‘티그리스강(the Tigris)’, “유브라데”가 ‘유프라테스강(the Euphrates)’라는 사실을 영어로 읽으면서 알게 되었다. 학창 시절 세계사와 세계지리 시간에 배운 익숙한 명칭이었기에 반가웠다. 한편으로는 성경에 나오는 지명이 교과서에 나오는 실제인 것을 보면 성경이 막연한 내용은 아닐 것이라는 생각도 했다.

며칠이 지난 금요일 밤에 갑자기 ‘온 가족 토요특새’에 꼭 가고 싶은 마음이 들었다. 가족들에게 말했다.

“빨리 시차 적응도 할 겸해서 내일 새벽에 그 특새에 같이 갈까?”

이 말이 끝나자 아내와 아들이 환호를 지르면서 동시에 “진짜?”라며 반가워했다.

다음 날 새벽 가족들보다 일찍 일어나 몸단장을 하고 양복을 입고 아내와 아들을 깨워 이른 새벽에 일주일 전 오직 축하를 위해 갔던 교회에 도착했다. 아는 사람이 아무도 없는 교회에 가족과 함께 들어갔다. 그리고 본당의 1층이 아닌 2층에 올라가 자리를 잡았다. 낯설고 어색했기 때문이었다.

자리에 앉는 순간부터 아무 이유 없이 눈물이 한없이 흘렀다. 손수건이 다 젖고, 아내가 갖고 있던 화장지를 다 사용할 정도로 예배 내내 눈물을 흘렸다. 속으로는 마흔아홉의 나이에 많은 사람들이 있는 공공장소에서 새벽부터 이유 없이 눈물을 흘리는 것이 부끄러웠다. 하지만 눈물은 멈추지 않았다. 그간 멀리 떨어져 있던 가족들이 집으로 돌아와 함께하는 상황이기 때문에 슬플 일도 없었고, 모든 것이 편한 시기였기 때문에 분노할 일도 없었기 때문에 주체할 수 없이 흐르는 눈물의 이유를 알 수 없었다.

설교 내용도 전혀 들리지 않았고 오직 많은 사람들이 있는 장소에서 나이 든 남자로서 눈물을 흘리는 것이 부담스럽기만 했다. 보는 이들이 나를 이상하게 볼 것이 싫기도 했다.

그 눈물은 예배를 마친 순간에 멈추었다. 앉은 자리 옆을 보니 눈물을 닦은 휴지가 산더미 같았다. 아내를 바라보니 웃으면서 내게 말했다.

"당신! 축하해요."

"어휴! 뭘 축하해. 난 창피해서 혼났어."

예배를 마치고 집으로 돌아오는 차 안에서 아들이 한마디를 거들었다.

"아빠! 지금 마음이 어때요?"

"응! 마음이 너무 홀가분하고, 이런 편안한 마음을 참으로 오랜만에 느끼는 것 같아! 너무 좋아. 그런데 예배 중에 눈물을 너무 흘려서 창피했어."

아들은 내게 아내와 같은 말로 축하한다며 "하나님이 아빠를 정말 사랑하시는 것 같아요."라고 말했다. 그때만 해도 그 눈물의 깊은 의미를 알지 못했다.

그 날이 2009년 7월 4일이었다.

지금에 와서 첫 번째 자발적으로 교회에 간 6월 28일 주일은 하나님에게 첫인사를 드린 날이고, 7월 4일은 영혼이 거듭난 믿음의 생일로 항상 기억하며 기념하고 있다.

III

다음 날인 주일에 다시 가족들과 함께 교회에 가서 주일 예배를 드렸다. 예배가 끝난 후에 아내가 담임목사님에게 인사를 해야 한다면서 목사님 사무실로 갔다. 멋쩍게 따라갈 수밖에 없었고, 인사를 나누었다. 이미 아내와 아들은 그 목사님과 오랜 친분이 있었다. 대화를 마치고 나올 무렵에 담임목사님은 하루 전날의 특새에서 나의 눈물을 말하면서 교회에 등록할 것을 권했다. 거절할 수 없는 끌림으로 교회에 등록했다. 정식으로 교회의 성도가 된 것이다.

등록한 직후부터 새신자반에 편성되어 기초교육을 받기 시작했다. 또 새로 시작되는 성경 공부 모임에도 참여하기로 했다. 문제는 성경 공부 모임의 첫 시간에 발생했다.

'돌아온 탕자의 비유(누가복음 16:11–32)'가 주제였다. 공부 모임은 부목사님의 인도로 몇 분의 장로님 그리고 몇 명의 집사님들이 함께했다. 모든 분들이 나를 반갑게 맞아 주었고 자기소개를 부탁해 나의 직업과 경력을 간단히 소개했다. 참석자들도 나에게 간단히 자신들을 소개했다. 대학교수도 있었고, 의사도 있었다. 나를 제외한 모든 참석자들이 성경 공부 모임을 다시 시작하게 되어 기쁘다는 말을 하면서 이 성경 구절에서 '자신의 회개와 주님의 은혜'를 더 깊이 알게 되었다는 취지로 이야기했다. 나는 성경을 제대로 읽어본 경험이 없었기 때문에 참석자들이 하는 동일한 취지의 말이 납득되지 않았다. 마침 나의 느낌을 말할 순서가 됐다.

"저는 이 성경을 읽으면서 앞에서 말씀하신 분들과는 전혀 다른 생각을 갖고 있다. 재산을 분배받은 후에 외국으로 가서 모두 탕진하고 되돌아온 둘째 아들을 반갑게 맞이한 아버지를 이해할 수 없다. 자식을 키운 아버지로서 둘째 아들의 성격이나 인성은 물론 낭비벽을 잘 알고 있었을 것임에도 불구하고 재산을 미리 분배해 준 아버지의 결정은 잘못된 것이라고 본다. 아버지의 무능과 무책임이라고 본다."

이런 말을 계속하는 동안 듣고 있던 참석자 모두의 표정이 변하기 시작했다. 하지만 당혹스러워하는 표정을 무시하고 나만의 주장을 계속했다.

"큰아들의 입장이 충분히 이해가 된다. 자신은 아버지 옆에서 고

생했는데 자기 동생은 재산을 분배받아 모두 탕진하고 돌아왔음에도 불구하고 아버지는 야단치는 대신에 잔치를 베풀어 준다면 큰아들이 화가 나지 않겠느냐? 아버지의 편애는 형제들의 갈등을 유발하게 된다."

모임을 이끌었던 부목사님은 앞서 말한 여러 분들의 장로님과 집사님들의 이야기를 종합하여 결론을 내며 성경 공부 모임을 마무리했다. 속으로 전혀 납득하기 힘든 상황이었지만 전체의 표정을 기억하면서 교회는 무엇인가 납득할 수 없는 다른 생각을 하는 사람들이 모인 곳이라고 판단했다. 지금 생각하면 비유의 의미와 예수님이 우리에게 전하고자 하는 메시지를 알지 못한 탓이라고 반성한다.

그럼에도 불구하고 계속 교회에 갔고, 열심히 예배에 참석하였다. 하지만 설교가 시작될 때, 주보에 소개된 성경 구절을 찾는데 많은 시간이 소요됐다. "삼상 2:1-11"이라고 주보에 나와 있지만 아무리 찾아도 '삼상'은 없었다. 주변 성도의 도움으로 그것이 '사무엘 상'의 약어라는 것을 알고 난 후에 그것을 찾을 수 있을 정도였다. 주보에 나온 성경 구절을 미리 찾을 수 있었지만 설교 중간에 나오는 다른 성경 구절은 모두가 다 봉독한 후에도 찾지 못하는 경우도 많았다. 그 과정에서 가까워진 한 집사님이 성경 앞부분에 약어가 나와 있으니 그것을 참고하고, 시간이 지나 익숙해지면 어려운 것이 아니라고 응원해주었다. 집에 돌아와 성경 약어표를 통째로 암기하기로 결심했다. 그러나 성경을 제대로 읽어본 경험이 없었기 때문에 돌아서면 성경 약어가 혼란스럽기만 했다.

구약과 신약을 구분하지 못했고 왜 구분하는지도 몰랐다.

조금이라도 더 준비를 해야겠다는 마음이 굳어졌다. 예배 하루 전에 교회 홈페이지에 게시되는 주보를 찾아 미리 성경을 읽고 참고가 될만한 자료를 찾아 공부를 했다. 학창 시절의 예습하는 마음이었지만 설교를 듣는 중에도 많은 의문이 생겼다.

교회에 처음 출석할 시기에 사무엘 상 강해 설교가 계속되었는데 미리 예습하는 과정에서 혼란스러운 구절을 발견했다.

사울이 왕이 될 때에 사십 세라 그가 이스라엘을 다스린 지 이 년에 ㅣ사무엘 상 13:1

그러나 NIV 영어 성경에는 전혀 다른 내용이 있었다.

Saul was thirty years old when he became king, and he reigned over Israel forty-two years.

즉 사울왕이 30세에 왕이 되었고, 42년간 왕위에 있었다는 내용이었다. 그리고 영어 성경 각주의 안내에 따라 사도행전을 찾아 보니 또 다른 내용이 소개되어 있었다.

그 후에 그들이 왕을 구하거늘 하나님이 베냐민 지파 사람 기스의
아들 사울을 사십 년간 주셨다가 |사도행전 13:21

마음속으로 이렇게 성경에 많은 오류가 있고, 이것을 문제 제기
하면 누구도 제대로 설명하지 못할 것이라는 자만심이 들었다. 그
래서 부목사님에게 이것을 제시하면서 설명을 요구하기도 했다.
국회에서 정부 관계자를 추궁하던 버릇을 그대로 교회에서 재연했
던 것이다.

본질은 도외시하고 작은 차이에 매달려 새로운 것을 발견했다고
자랑하는 마음이었다. 그러면서 하나님이 세웠다는 사울왕의 행
적과 집권 기간, 왕이 된 나이가 서로 다른 것은 납득할 수 없는
문제라고 질문했다. 지금 생각하면 웃음이 나오는 일이었지만 그
렇게 성경에 가까이 다가갈 수 있도록 하나님이 인도한 것이라고
생각한다.

IV

온누리교회로 교적을 옮기기로 했다.

아내와 아들이 출석하는 미국 이민 교회의 담임목사님과 미국 방문을 할 때마다 별도의 시간을 내어 만남의 시간을 갖고 있었다. 그때 목사님이 집사님 같이 탐구하는 분들에게 가장 좋은 교회가 온누리교회이고, 그 교회가 교육체계가 가장 잘 갖추어진 교회이기 때문이라는 권유 때문이었다.

교회를 옮긴 후, 여러 권의 서로 다른 성경을 구입하고, 다른 언어로 된 성경도 찾아 읽으면서 기쁨을 누리며 믿음 생활을 하고 있었다.

어느 날, 성령이 무엇이냐고 다른 사람이 질문했을 때 스스로 설명할 능력이 없는 것은 물론 스스로 성령에 대해 알지 못하고 있는 사실을 깨달았다. 그럼에도 불구하고 기도를 하면서 목사님들이 말한 것을 따라 "성령 하나님"을 외친 것이다. 알지도 못하면서 입에 담고 부른 것이 한심하다는 생각이 들었다.

그래서 가까이 지내고 있는 장로님들과 집사님들에게 성령에 대해서 설명해달라고 부탁했지만 누구도 명쾌하게 답을 해주지 못했다.

다른 사람에게 설명할 수 없으면 스스로 모르는 것이다.

마침 교회의 한 교육 과정에 참여하여 공부하는 중이었다. 과제가 있고 교육 과정도 미리 공지된 과정이었다. 그 가운데 성령이라는 주제도 있었다. 모르는 것을 알기 위해 열심히 성경을 읽고 관련된 논문들도 찾아 공부를 시작했지만 더욱 이해할 수 없는 지경이 됐다.

그 교육 과정을 담당하는 목사님이 마침 한 주를 휴강하겠다고 했다. 성령수련회를 인도해야 한다는 이유였다. 주저 없이 1박 2일의 성령수련회 참석 신청을 하였다. 교회가 운영하는 기도처였다. 서문에서 말했던 욥기를 처음 읽으면서 눈물을 흘렸던 바로 그 공간이었다. 첫날 수련회 일정을 마친 후에 목사님과 조용히 대화할 시간이 마련됐다. 성령에 대해 알기 위해 수련회에 참석하였지만 성경에서 말하는 성령의 존재를 스스로 명쾌하게 이해하지 못하는 것은 물론 더욱 혼란에 빠진 느낌이라고 고백했다.

이르되 너희가 믿을 때에 성령을 받았느냐 이르되 아니라 우리는
성령이 계심도 듣지 못하였노라 | 사도행전 19:2

사도 바울이 에베소에서 만난 어떤 제자들과 나눈 대화이다. 바로 이런 형편이 나의 상황이었다.

그런 고민이 계속되는 중에 성부와 성자는 어느 정도 알겠지만 성령을 이해하지 못하는 이유부터 공부하기 시작했다. 그런 중에 삼위일체의 하나님에 대해 도표를 그려보면서 이해하려고 노력했

다. 성부 하나님은 구약성경에서 아담과 하와는 물론 아브라함, 모세 등과 직접 소통하였고, 성자 하나님인 예수는 이 땅에 직접 오셔서 가르침으로 직접 소통했다고 정리해보았다. 그것을 정리한 것이 신약성경이라고 생각했다.

> 그러나 내가 너희에게 실상을 말하노니 내가 떠나가는 것이 너희에게 유익이라 내가 떠나가지 아니하면 보혜사가 너희에게로 오시지 아니할 것이요 가면 내가 그를 너희에게로 보내리니 | 요한복음 16:7

예수님이 우리에게 약속한 보혜사 성령이 이 땅에 오게 되는 이유를 이 구절을 통해 명확히 인식하게 됐다. 즉 구약성경이 성부의 시대이고, 신약성경은 예수님의 시대이며, 예수님의 부활 승천 이후는 성령의 시대로 정리를 하게 되니 어렴풋하게나마 성령 하나님에 대한 그림이 그려지게 됐다.

마침 방학이 되어 귀국한 아들과 공항에서 집으로 돌아오면서 이에 대해 대화를 하기 시작했는데 역시 아들도 그와 같은 고민 끝에 나와 동일한 결론을 내렸다고 말했다. 서로 이 부분에 대해 상의하지 않았음에도 불구하고 지구 반대편의 아들도 나와 같은 의문을 갖고 성령 하나님에 대해 공부했던 것이다. 그리고 서로 놀라움을 표했다.

작은 그리고 부족한 이 고백을 통해 하나님이 살아 계시고, 살아 계신 성령 하나님을 통해 기쁨의 삶을 살아가려고 열심히 기도하는 삶을 영위하고 있다. 비록 늦은 나이에 하나님을 만났지만 아직도 만나지 못한 많은 사람들을 위해 기도하며 기쁨으로 하루하루를 살아가는 길을 소개하고 싶은 마음이다.

이 보잘것없는 글 묶음이 그 길을 찾는 데 작은 도움이 되기를 간절히 기도한다.

아직 하나님을 만나지 못한 친구들과 내 또래의 많은 사람들이 이 글 몇 페이지라도 읽으면서 성경 구절을 알게 되고 하나님의 역사로 성경 말씀에 감동을 받아 교회로 발길을 옮기고 하나님을 만나는 기쁨을 누리게 되기를 기도한다.